Harald Fäth

Geheime Kommandosache – S III Jonastal und die Siegeswaffenproduktion

Weitere Spurensuche nach Thüringens Manhattan Project

1. Auflage Juli 1999

Tel. 03681 / 30 81 98 & -99, Fax: 03681 / 30 49 18

Satz und Umschlagentwurf: TM, Suhl
Gesamtherstellung: CTT-Verlag & Offsetdruckerei Pohland, Augsburg
Printed in Germany

CTT-Verlag
ISBN 3-933817-08-0

Heinrich-Jung-Verlagsgesellschaft mbH
ISBN 3-930588-44-7

Harald Fäth

Geheime Kommandosache – S III Jonastal und die Siegeswaffen-produktion

Weitere Spurensuche nach Thüringens Manhattan Project

CTT

Heinrich-Jung-Verlagsgesellschaft mbH

Inhalt

Vorwort des Verlegers

Der Großraum Truppenübungsplatz Ohrdruf – Jonastal steht seit mehreren Jahren im Zentrum des Interesses einer Schar von Forschern und zeitgeschichtlich interessierten Personen. Kein Wunder, haben hier doch während der Zeit des Zweiten Weltkrieges nachweislich geheime Untergrundarbeiten stattgefunden, die gegen Kriegsende intensiviert wurden und letztlich der Kontrolle der SS unterstanden. Tausende Häftlinge kamen bei diesen Arbeiten um, der Rest „verschwand" teilweise zum Kriegsende hin oftmals unter seltsamen Umständen – Zeugen waren unerwünscht.

Trotz dieser Tatsache und trotz vier Jahrzehnte andauernder Besetzung des Truppenübungsplatzes Ohrdruf durch – damalige – sowjetische Einheiten konnte nicht verhindert werden, daß in der Zeit danach Fragen nach dem Ablauf der Geschehnisse aufkamen.

Im Zusammenhang mit diesem Gebiet war von Einlagerungen wertvoller Güter (Gemälde, Edelmetalle, Akten, Bernsteinzimmer) ebenso die Rede wie von der Anwendung deutscher Hochtechnologie und der V-Waffen-Produktion. Fürwahr ein brisantes Gemisch, das viele Interessierte zum Nachdenken und Spekulieren anregte.

Die Meinungen über das, was in diesem Gebiet wirklich verborgen liegt, gehen weit auseinander. Während die einen „nur" ein paar alte Gefechtsstände vermuten, glauben andere daran, hier etwas finden zu können, das sie von allen materiellen Lebenssorgen befreien könnte ...
Wie dem auch sei, die vorliegenden Informationen weisen eher darauf hin, daß dieses Gebiet – mitten im „Schutz- und Trutzgau" des Dritten Reiches – eine besondere Rolle zugewiesen bekam, die mit fortgeschrittener und geheimer Technologie zu tun hatte. Wo sonst ist der Grund für die alliierte Geheimhaltung in bezug auf dieses Areal zu suchen? Immerhin haben fünfzig Jahre nicht ausgereicht, die Brisanz dessen, was man vor der Öffentlichkeit verborgen hält, zu mindern. Ganz im Gegenteil, die zuständigen Behörden in den USA haben die Geheimhaltung um weitere dreißig Jahre verlängert. Demnach muß das, was verborgen wird, etwas höchst wichtiges, etwas grundstürzendes sein, sollte es die Öffentlichkeit je erfahren.
Überall dort, wo Geheimdienstinteressen vorhanden sind und man Informationen zurückhält, kann davon ausgegangen werden, daß irgendwelche „Schweinereien" gedeckt werden müssen. Das war früher nicht anders als heute. Wer dies nicht glauben mag, sollte Dr. Andreas von Bülows auf-

schlußreiches Buch „Im Namen des Staates" lesen, das sich mit geheimdienstlichen Operationen befaßt und schonungslos aufzeigt, auf welcher Basis unsere demokratischen Systeme beruhen, wobei insbesondere die US-Geheimdienste eine Vorreiterrolle spielen.
Doch zurück zu dem uns interessierenden Gebiet. Welcher Natur kann die u.a. vermutete Hochtechnologie gewesen sein? Lief hier nur eine herkömmliche V-Waffen-Produktion?
Der Autor Harald Fäth hat in seinem ersten Buch „1945 – Thüringens Manhattan Project" eine überraschende Antwort auf diese Fragen präsentiert. Er behauptet, daß in diesem Areal Thüringens eine streng geheime Produktion einer Langstrekkenrakete – der sogenannten „Amerika-Rakete" – realisiert wurde, die, mit einem nuklearen Gefechtskopf versehen, in Richtung USA abgeschossen werden sollte. – Tatsächlich eine atemberaubende Vorstellung!
Harald Fäth lieferte für seine Annahme eine Reihe von bedenkenswerten Fakten und Informationen, die seine Hypothese unterstützen. Und das trotz Geheimhaltung und fehlender Dokumente.
Ein besonders merkwürdiger Umstand, der sich nachweisen ließ, ist die Tatsache, daß das hier zu Kriegsende durch die SS forcierte Projekt in seiner Priorität über dem V-Waffen- und Geilenberg-Pro-

gramm (Sicherstellung der Treibstoffversorgung) stand. Was, um alles in der Welt, konnte eine solche Einstufung rechtfertigen? Doch wohl nur eine absolut kriegsentscheidende Waffe, die in höchster Eile eingesetzt werden sollte ...
Um die Bedeutung dieses Projekts zu unterstreichen, wurde SS-Obergruppenführer Kammler als Verantwortlicher der laufenden Maßnahmen bestimmt. Dort, wo der Name Kammler auftaucht, kann man mit traumwandlerischer Sicherheit unter strengster Geheimhaltung ablaufende Projekte der Hochtechnologie und unterirdische Produktionen vermuten. Sei es in bezug auf die Mittelwerke (Nordhausen), Skoda (Prag) oder – wie im vorliegenden Falle – das Territorium des Truppenübungsplatzes Ohrdruf und das umliegende Gebiet, zu dem auch der Bereich des Jonastals gehört.
Harald Fäth's Buch hat – das kann man ohne Übertreibung feststellen – einiges Aufsehen erregt. Auch ich habe in der Folge viele interessante Menschen kennengelernt. Seltsamerweise gab es aber keine Kritik an seinen vorgetragenen Behauptungen. Diejenigen, die ihn unterminieren wollten, griffen nicht seine These an, statt dessen aber seine Person – eine zutiefst unfaire und „typische" Erscheinung, die mich an ehemalige DDR-Verhältnisse in „tiefroten" Zeiten erinnert.

Erreicht haben die „Kritiker“ damit nichts. Ganz im Gegenteil: Harald Fäth recherchierte weiter und legt nunmehr sein zweites Buch vor, dem ich einen ebenso großen Erfolg wünsche wie seinem Erstlingswerk. Möge es dunkle Kapitel unserer Zeitgeschichte erhellen, damit wir alle irgendwann die Wahrheit erfahren, denn nur um diese geht es letztlich. Schließlich kann nur derjenige, der seine Vergangenheit kennt, auch seine Zukunft gestalten – eine Vergangenheit allerdings, die auf Vertuschung, Halbwahrheiten und Vermutungen basiert, kann wohl kaum der rechte Untergrund für unsere zukünftige Entwicklung sein.

Thomas Mehner
CTT-Verlag
Suhl, im Juli 1999

Vorwort

Hatte ich kurz nach Drucklegung meines ersten Buches „1945 – Thüringens Manhattan Project. Auf Spurensuche nach der verschollenen V-Waffenfabrik in Deutschlands Untergrund" noch Befürchtungen, das Telefon könne anfangen zu glühen, wenn unzählige Historiker anrufen, um mir mitzuteilen, mein Buch entbehre jeglicher Grundlage, so wartete ich vergeblich auf diesbezügliche Mitteilungen.
Im Gegenteil, die Anrufe, die mich erreichten, bestätigten in der überwiegenden Mehrheit meine „These" von der vermuteten Fernraketen- und Atomwaffenproduktion im thüringischen Jonastal, lieferten Hinweise oder brachten einfach nur zum Ausdruck, daß ein Teil der etablierten Historikerschaft schon lange mit dem althergebrachten Geschichtswissen aufräumen möchte. *Allein die Sachzwänge stehen dagegen.*
In heutiger Zeit ist es beinahe nicht mehr möglich, Teile der Geschichte des Dritten Reiches objektiv aufzubereiten und zu Papier zu bringen. Wer heute den „richtigen" schriftstellerischen Erfolg haben will, muß mit den „Wölfen heulen", was bedeutet, Querschüsse zu unterlassen.
Also wird möglichst vermieden, Widersprüche aufzudecken, um nicht aus der Reihe zu tanzen.

Man könnte sich ja lächerlich machen bzw. gewissen Leuten auf die Füße treten, wenn man eigene Theorien vertritt und bis dato ungeklärte Sachverhalte erhellt. Die Situation wird dann kritisch, wenn man der landläufigen Meinung widerspricht und der Wahrheit möglicherweise zu nahe kommt.
Trotz allem bleibt meine These, die ich bereits in einem ersten Buch formulierte, bestehen: Im Gebiet des thüringischen Jonastal wurde gegen Ende des Zweiten Weltkrieges an einer Interkontinentalrakete gearbeitet, die für eine deutsche Atomwaffe konzipiert war.
Dieses Buch wird weitere interessante Überlegungen und Indizien für meine These liefern und baut damit auf meinem ersten Buch auf. Allen Lesern, die „1945 – Thüringens Manhattan Project" nicht kennen sollten, sei es daher zum besseren Verständnis der in diesem Buch behandelten Themen wärmstens empfohlen.

Harald Fäth
Frankfurt/Main, im Juni 1999

VERGLEICHE

Vom Jonastal nach Österreich ... oder umgekehrt?

Ist die Spurensuche nach der oder den „verlorenen V-Waffenfabrik/en" aus der Zeit des Zweiten Weltkrieges schon auf dem Territorium Deutschlands ein schwieriges Unterfangen, so gestaltet sich eine Recherche im Ausland noch weitaus komplizierter.
Über die während des letzten Krieges in Österreich entstandenen Anlagen ist so gut wie nichts bekannt und es existieren zu dieser Problematik auch kaum Publikationen. Die dortigen unterirdischen Systeme sind heute, teilweise weit mehr als in Deutschland, vom Nimbus des Unerklärlichen umgeben. So ist es kein Wunder, wenn zahlreiche Geschichten und Gerüchte mit beinahe legendenhaftem Charakter existieren. Da wird behauptet, an bestimmten Felswänden in den Alpen könne man heute noch Spuren erkennen, welche von „deutschen Todesstrahlen" herrühren, an denen in einer nahegelegenen deutschen Forschungseinrichtung intensiv gearbeitet wurde.
Oder es ist die Rede von den „riesigen, unterirdischen UFO-Hangars", in denen deutsche Flugscheiben auf ihren Einsatz warteten, zu dem es allerdings nie kam. Selbst Skizzen, die Orte sol-

cher Aktivitäten und die in den Anlagen befindlichen neuartrigen Waffensysteme zeigen, sind im Umlauf.
Daß die unterirdischen Anlagen in Österreich in gewisser Weise durchaus etwas besonderes darstellen, zeigt beispielsweise das System „Bergkristall" bei St. Georgen, wo die Produktion des ersten Düsenjägers der Geschichte, der Me 262, erfolgte.
Mit mehr als 50.000 m^2 Fläche und etwa 10 km Tunnel-Gesamtlänge war „Bergkristall" eine der wenigen Großbunkeranlagen des Dritten Reiches, in welcher mit Jahresbeginn 1945 die geplante Produktion anlief.
Alliierten Geheimdienstberichten zufolge sollen in „Bergkristall" bereits 987 Düsenjäger am Fließband produziert worden sein. Das Tunnelsystem selbst ist nahezu fertiggestellt worden und die Serienproduktion für den Düsenjäger war bereits in vollem Gange. Im Sommer 1944 wurde bereits parallel zum weiteren Ausbau der Tunnelanlage mit der Produktion von Bauteilen begonnen. Die Produktion erreichte dann gegen April 1945 mit etwa 90 voll ausgestatteten Einheiten pro Monat ihren Höhepunkt. Die vorgesehenen Produktions-Planzahl sollte etwa 1.250 Düsenjäger pro Monat erreichen. Interessant ist, daß die Anlage für einen Vollbetrieb bis in das Jahr 1955 projektiert

wurde. Das zeigt deutlich, daß auch Österreich eine wichtige Rolle bei der Produktion von „Geheimwaffen" und neuen Technologien einnahm. Ein weiteres Beispiel dieser Art stellt übrigens der „Orbitalbomber" dar, auf den ich weiter hinten im Buch näher eingehen werde.
Die Verbindung Jonastal – Österreich ergibt sich aber vor allem aus noch anderen Punkten. So war der leitende Architekt von S III, also dem „Jonastalprojekt", ein Österreicher – K. Fiebinger. Er konzipierte nach dem Zweiten Weltkrieg in den USA Interkontinentalraketenbasen. Eine höchst erstaunliche Tatsache!
Warum nahm man einen österreichischen Architekten, der – zumindest offiziell – allenfalls über Erfahrung im Bau von Stollenanlagen verfügte? Gab es keine vergleichbaren amerikanischen Spezialisten? Oder war Fiebinger das österreichische Pendant des deutschen Raketenspezialisten Wernher von Braun in bezug auf die Verbunkerung von Raketen und damit unentbehrlich für künftige alliierte Projekte? Alles in allem kann sehr wohl davon ausgegangen werden, daß Fiebinger Erfahrungen im Bau von Raketenbasen hatte – nämlich von deutschen!
Und tatsächlich wurde in Österreich ein „Raketenwerk" geplant. Es handelt sich dabei um die Anlage „Zement". Vorgesehen war die Verlagerung

der Raketenentwicklung Peenemünde hierher sowie die Einrichtung einer Versuchsproduktion von 20 Raketen A9 und 20 Wasserfall-Raketen.
Insgesamt wurden von Herbst 1943 bis Frühjahr 1945 27.262 Häftlinge eingeliefert, die hier arbeiten sollten.
Wenn also, so ja die von mir vertretene These, im Jonastal ebenfalls eine Art „Raketenwerk" entstand oder entstehen sollte, so müßte es eine gewisse Übereinstimmung in der Anordnung der Stollen geben. Und, oh Wunder, es gibt sie tatsächlich. Dabei handelt es sich allerdings nicht nur um eine leichte Übereinstimmung, sondern um eine erhebliche. Alles nur Zufall?
Beide Anlagen bestanden aus zwei zwar getrennten, aber doch zusammengehörigen Systemen: Bei „Zement" gab es 15 Stollen auf der linken und 9 Stollen auf der rechten Seite, im Jonastal 12 auf der linken und 10 auf der rechten Seite. Zusätzlich ein mittiges System mit einem Stollen. (Die zwei „kurzen" Jonastalstollen 13 und 15 sind nicht mitgezählt, da sie gemeinhin als Sprengstofflagerstollen gelten.)
Schon beim bloßen Vergleichen der Skizzen, die auf der folgenden Seite abgebildet sind, ergibt sich eine erhebliche Ähnlichkeit.
„Zement" hatte also 24 Stollen, im Jonastal sind es aber nur 23 ...

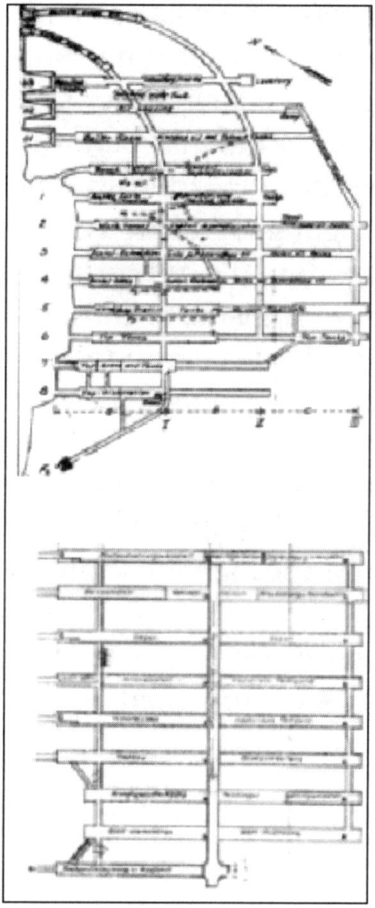

Abb. 1: Systeme A und B der in Österreich befindlichen Anlage „Zement".

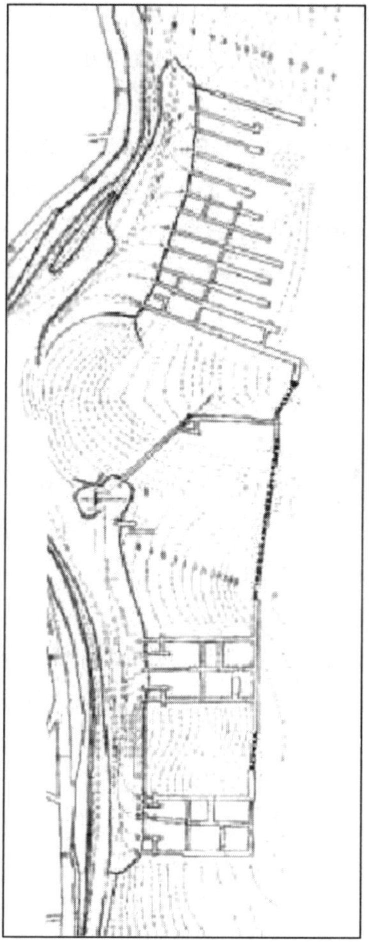

Abb. 2: Stollensysteme im Jonastal.

Wie in meinem ersten Buch „1945 – Thüringens Manhattan Project" erläutert, gibt es deutliche Hinweise auf mindestens einen „Jonastalstollen", welcher sich in relativ geringer Entfernung links zu Stollen 1 befindet. Er könnte als einer der großen, auf der linken Seite von „Zement" befindlichen Stollen angesehen werden. (Beide Systeme haben gemein, daß die Eingangsbereiche relativ eng ausgelegt sind, zu eng jedenfalls, um größere Zulieferungen oder sonstige Transporte möglich zu machen. Also müßte es im Jonastal mindestens einen Zulieferstollen mit großem Eingangsbereich gegeben haben.)
Ältere Einwohner von Gossel behaupten, daß sich „gegenüber der Einmündung der alten Gosseler Straße ins Jonastal" Stollenmundlöcher befunden haben sollen.
Der auf der CIOS-Skizze als F3 bezeichnete Stollen könnte also gut Stollen 14 entsprechen.

Zwei Raketenwerke?

Zuerst möchte ich einige Informationen über die bisher „bekannte“ Geschichte der Anlage „Zement“ geben.
Da auch die Produktionsstätten der neuen Waffen in zunehmenden Maße den Luftangriffen der Alliierten ausgesetzt waren, wurde die Produktion der V-Raketen in der unterirdischen Anlage „Mittelwerk“ im Kohnstein bei Nordhausen zentralisiert.
Die Forschungsanlagen von Peenemünde sollten gleichfalls in den Untergrund verlegt werden. Mangels geeigneter Anlagen entschied man sich für einen Neubau in Ebensee. Dieser Ort wurde wegen der günstigen geologischen und topographischen Gegebenheiten ausgewählt.
Die dichte Bewaldung, ein bereits bestehender Steinbruch und die günstigen Verkehrsanbindungen durch Bahn und Straße boten gute Voraussetzungen. Am 20. September 1943 erteilten das Heereswaffenamt und Rüstungsminister Albert Speer der Waffen-SS den Auftrag zur Durchführung des Projektes.
Die Planung sah ein Gesamtbauvolumen von 220.000 m^3 für die „Anlage A“ vor, in der alle wesentlichen Teile der geplanten Raketenforschungsstelle untergebracht werden sollten.

Die „Anlage B“, die Raketenprüfstände aufnehmen sollte, war mit 70.000 m^3 projektiert. Beide Anlagen sollten Ende 1944 in Betrieb gehen.
Nachdem die deutsche Treibstoffproduktion durch alliierte Luftangriffe empfindlich getroffen war, wurde die „Anlage A“ ab Sommer 1944 für das Raffinieren von Erdöl genutzt. Auch der Plan einer Vergrößerung von „Anlage B“ zur Unterbringung der Versuchsanstalt mußte fallengelassen werden.
Durch den Rückzug der deutschen Truppen an allen Fronten bedingt, mußten die in besetzte Gebiete ausgelagerten Produktionen ins Reich zurückverlagert werden. Daher wurde in die „Anlage B“ schließlich die Produktion der Steyer-Daimler-Puch AG untergebracht ...
So zumindest liest man es in den etablierten Publikationen. Nur manchmal findet sich, meist als Fußnote, eine kurze, aber wichtige Anmerkung. So zum Beispiel in dem Buch „Die V-Waffen – Entstehung, Propaganda, Kriegseinsatz“. Dort kann man folgendes lesen:
„Nach Angaben von Klee ... wurde anfangs die Verlagerung der Peenemünder Triebwerksprüfstände unter der Bezeichnung ‚Projekt Salamander‘ in die Alpen geplant. Nachdem man hier aber keine geeigneten Naturhöhlen gefunden hatte, entstand das Projekt ‚Zement‘, das den Bau

von zwei riesigen, mehrstöckigen Stollensystemen ... in der Nähe von Gmunden am Traunsee vorsah.
Neben den Anlagen, in denen etwa 3000 Menschen hätten arbeiten sollen, waren in einem engen Tal große Prüfstände für Triebwerke bis zu 200 t Schub sowie Startstellen geplant."
Demnach war nicht „irgendeine" Raketenforschung in „Zement" geplant, sondern die für die Fernrakete A9/10, die einen Startschub der o.g. Größe haben sollte. Das Ganze ist schon sehr merkwürdig, denn immerhin ist diese Forschung ja eigentlich zugunsten der A4 eingestellt worden – so heißt es jedenfalls. Scheinbar lief sie im Geheimen aber sehr wohl weiter.
Daraus läßt sich ein Szenario entwickeln, welches die in „1945 – Thüringens Manhattan Project" entwickelten Thesen erhärtet und die Ähnlichkeiten zwischen „Zement" und der Jonastalanlage erklärt: Schon relativ kurz nach Baubeginn der Anlage „Zement" wird klar, daß eine Dezentralisierung auf solch große Distanz enorme Probleme aufwirft. Immerhin gab es gerade in der Anfangsphase große Schwierigkeiten mit der Technik der A4, so daß auch Peenemünder Techniker das Mittelwerk besuchen mußten.
Eine relative Nähe Forschung – Serienfertigung wäre also wünschenswert gewesen. Des weiteren

wurden längere Materialtransporte durch die alliierte Luftüberlegenheit immer gefährlicher. Es wird also beschlossen, „Zement“ als Raketenstandort aufzugeben.
Hierüber existiert ein weithin unbeachteter Befehl von SS-Obergruppenführer Kammler, dem Verantwortlichen für die V-Waffen-Produktion und die Untergrundinstallationen, der Anfang 1944 datiert, und in dem die Verlagerung der ursprünglich für „Zement“ vorgesehenen Einrichtungen *nach Mitteldeutschland* angeordnet wird!
Da ohnehin Mangel an geeigneten unterirdischen Räumlichkeiten besteht und die Infrastruktur schon eingerichtet ist, baut man allerdings die konzipierten Stollen in Österreich wie vorgesehen weiter. Dies hat auch einen nicht unbeträchtlichen, positiven Geheimhaltungsaspekt: Jeder alliierte Geheimdienst mußte denken, daß die als kriegsentscheidend eingestufte Raketenforschung tatsächlich nach Österreich verlagert wird ...
Und letztlich: Wenn 1943/44 tatsächlich beschlossen wurde, an der A9/10 weiterzuarbeiten, so hätte ein konventioneller Sprengkopf als Nutzlast ausgesprochen wenig Sinn gehabt. Immerhin hätte diese Amerika-Rakete, wie der Name schon sagt, die USA zum Ziel gehabt. Und der ganze Forschungsaufwand hätte sich nur gelohnt, wenn man eine besonders wirksame Waffe über den

„Großen Teich" hätte schicken können ... Im Jonastal bzw. auf dem Truppenübungsplatz Ohrdruf oder seiner näheren Umgebung werden bereits bestehende, unterirdische Forschungseinrichtungen, eventuell im Bereich Nukleartechnik ausgebaut. Hier soll nun auch die Entwicklungsstelle für die A9/10 untergebracht werden. Die Kombination „Nukleartechnik – Amerikarakete" wäre wenig erstaunlich, weil naheliegend.
Diese neue Anlage ist 1944 einsatzbereit, die Forschungen werden nun, entsprechend dem Kammler-Befehl, verlagert und fortgesetzt. Als ersichtlich wird, daß die Untersuchungen erfolgreich sein werden, beginnt man mit den Vorbereitungen zum Bau eines Versuchsserienwerks, nämlich den bekannten Stollen des Jonastales.
Der Bereich Ohrdruf – Arnstadt hätte gegenüber der Anlage in Österreich noch eine Reihe weiterer Vorzüge gehabt. Nicht nur die Nähe zu den Atomforschern in Stadtilm bzw. zu der angenommenen Atomanlage unter dem Truppenübungsplatz Ohrdruf wäre interessant gewesen.
Eines der großen Probleme bei Triebwerkstests von Raketen- und anderen Hochleistungsmotoren waren die enormen Mengen an Kühlwasser, die benötigt wurden. Wasser aber gibt es im Jonastal reichlich; nicht unbedingt offene Gewässer, aber es müssen riesige Mengen im Untergrund

fließen. So lief die Ohra in längst vergangener Zeit direkt über den Platz, und es ist denkbar, daß sie ihren Lauf heute unterirdisch fortsetzt.
Darüber hinaus gibt es eine Sage, nach welcher in Ohrdrufs Untergrund ein „riesiger See" existieren soll. Und auch die Karstgewässer müssen enorme Mengen an Wasser transportieren.
Weiterhin war in diesem Gebiet eine hervorragende Kommunikationstechnik vorhanden, wenn man beispielsweise an das bekannte (Nachrichten-)Amt 10 denkt.
Doch würde solcherart „zielgerichteter", langfristiger Planung nicht dem Bild einer völlig konfusen Führung widersprechen, das man in bezug auf das Dritte Reich heute so gern propagiert? Oder stimmt auch diese Einschätzung – wieder einmal – nicht?!
Wie „irre" die Ansichten beispielsweise des Führers waren, sei nur anhand eines Beispiels dargestellt. So sagte Hitler am 9. April 1942:
„Aus militärischer Sicht ist eine Beschränkung der deutschen Autoproduktion auf 10 bis 12 Typen nach dem Kriege erforderlich, um das Genie unserer Erfinder auf eine weitgehende Motorvereinfachung hinzulenken.
Das wichtigste aber ist, daß man einen Einheitsmotor schafft, den man sowohl in der Feldküche als auch im Krankenwagen wie in Aufklärungs-

fahrzeugen, in Schleppern und Zugmaschinen etc. einbauen kann.
Der 28 PS Motor des VW würde für diese Zwecke durchaus ausreichen. Gerade dieser Krieg ist der beste Beweis dafür, daß man im Kriege mit Höchstgeschwindigkeiten nichts anfangen kann. Von der ganzen Autoraserei müssen wir deshalb unbedingt wieder loskommen.
Der anzustrebende Einheitsmotor muß leicht auswechselbar sein ... da die Beschaffung von Ersatzteilen schwieriger sei als aus einem Fahrzeug mit defektem Chassis den Motor auszubauen ...“
Dieses Beispiel weitreichender Planungen soll nun nicht von durchaus vorhandenen Fehlentscheidungen ablenken, es zeigt allerdings, daß Hitler manchmal Ansichten hatte, die man in groben Zügen auch heute noch vertreten könnte, wenn auch aus anderen denn militärischen Anlässen.
Doch zurück zum eigentlichen Thema. Immer wieder wurde mir die Frage gestellt, ob eine solche hochtechnologische Forschungseinrichtung, wie sie von mir behauptet wird, nicht schon längst bekannt geworden wäre? Hätte sie nicht ihren Niederschlag in Dokumenten finden müssen?
Nicht unbedingt. Selbst über die Mittelwerke, in denen ebenfalls hochwichtige und neue Waffen wie Flugabwehrraketen und V2 gebaut wurden, war lange Zeit nichts bekannt.

Erst relativ spät begann eine zeitgeschichtliche Aufarbeitung. Darüber hinaus hätte man diese Anlage nach dem Krieg auch gar nicht geheimhalten können. Immerhin hatten die Amerikaner sie gefunden und fast leergeräumt, die Sowjets hatten sie weiterbenutzt und es war somit prinzipiell bekannt, was hier gebaut und vorgefunden worden war.

Den Amerikanern war bei ihrem Vormarsch die Existenz dieser V-Waffenproduktion im Kohnstein wohlbekannt, dies geht aus allerlei Unterlagen hervor. Und ihr Aufenthalt in Ohrdruf stand unter diesem Stern; viele amerikanische Veteranen geben immer wieder an, daß sie fast alles an Material wie LKW und andere Transportmaterialien für den Abtransport der Einrichtungen des Mittelwerks abgeben mußten. Denn die Russen wollten das Gebiet nur wenige Wochen später übernehmen.

Durchaus denkbar also, daß in Ohrdruf keine Zeit blieb, großartige Erkundungen anzustellen. Vielleicht wurde nur ein Teil des unbekannten Systems gefunden. Möglicherweise die Bereiche, in denen die mittlerweile startbereite A9/10 mit ihrer Nuklearfracht bereitstand ...

Denn nach durchaus glaubwürdigen Zeugenaussagen hatte die SS die Zugänge zu fortgeschrittenen bzw. fertig eingerichteten Stollensystemen

gesprengt, bevor die Amerikaner eintrafen. Und diese öffneten normalerweise solcherart verschlossene Systeme nicht. Zu groß waren die Befürchtungen über sogenannte „Booby Traps", also Verminungen und ähnliche Fallen, die sich zu einer tödlichen Bedrohung auswachsen konnten.
Es wäre also zu erwarten, daß sich hinter diesen Sperrsprengungen so manche Antwort auf ausstehende Fragen finden läßt.
Damit aber wieder zurück nach Österreich. Daß hier auch andere wichtige Forschung geleistet wurde, zeigt der „Sänger Raketenbomber".

Der Raketenbomber von Sänger

Neben den Raketenprojekten der A9/10 und sogar einer A11 war sicher der sogenannte „Sängerbomber“ das beeindruckendste Projekt der damaligen Zeit, das in gewisser Weise sogar noch weit interessanter war als die Raketentechnologie.
Im Februar und Juni 1935 veröffentlichte Dr. Eugen Sänger in der österreichischen Flugzeitschrift „Flug“ einige Artikel über raketenangetriebene Flugzeuge. Dies führte zu einer Anfrage des deutschen Oberkommandos, die darauf abzielte herauszufinden, ob er ein geheimes Raumfahrtinstitut in Trauen aufbauen wolle, wo er sein Projekt „Silbervogel“ erforschen und bauen konnte – ein bemanntes, geflügeltes Vehikel, welches den Orbit erreichen konnte.
Dr. Sänger hatte bereits mehrere Jahre an diesem Konzept gearbeitet und damit begonnen, Raketenmotoren mit Flüssigbrennstoff zu entwickeln.
Von 1930 bis 1935 perfektionierte er durch endlose statistische Tests einen sich selbst kühlenden Flüssigbrennstoff-Raketenmotor, welcher durch den eigenen Treibstoff, der um die Verbrennungskammer zirkulierte, gekühlt wurde – ein wahrhaft geniales Konzept.

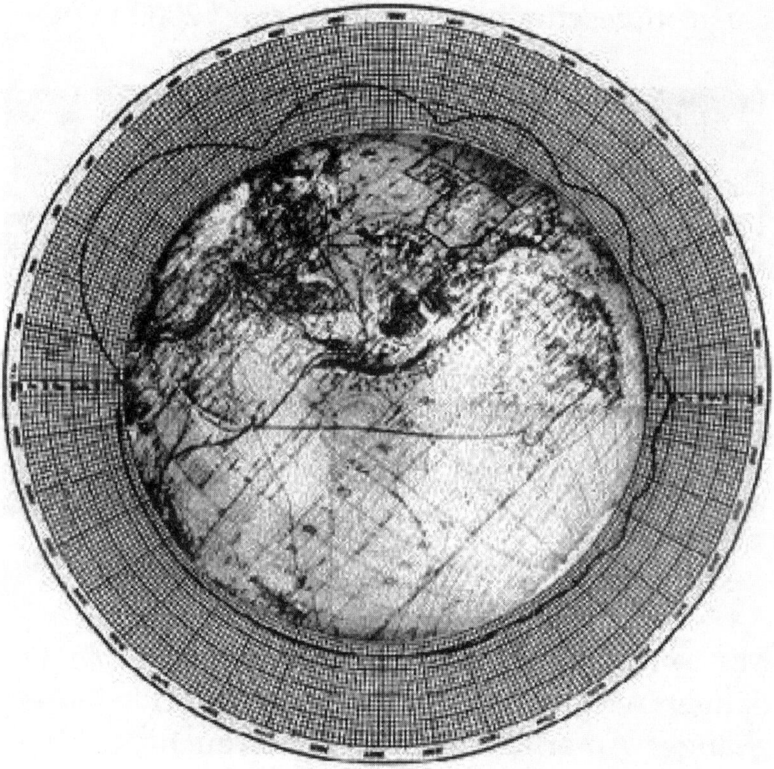

Abb. 3: Vorgesehene Flugbahn des von Eugen Sänger entwickelten Raketenbombers (Originalskizze).

Dieser Motor erreichte eine Abgasgeschwindigkeit von erstaunlichen 3048 Metern pro Sekunde. Zum Vergleich: das Triebwerk der V2 erzielte eine Auströmgeschwindigkeit von „nur" 2000 m/s.

Abb. 4: Windkanalmodell des Raketenbombers.

Mit seiner Mannschaft zusammen arbeitete Dr. Sänger weiter an seinem „Silbervogel". Dieser „Sänger Amerika Bomber" (oder auch „Orbitalbomber") war für den Überschallflug in der Stratosphäre konzipiert. Der Rumpf war abgeflacht, um den Auftrieb zu erhöhen, und die Flügel waren kurz und keilförmig.

Der Treibstoff wurde in zwei großen Tanks links und rechts des Rumpfes mitgeführt. Am Rumpfende befand sich der riesige Raketenmotor mit

Abb. 5: Modell des Bombers im Flug.

100 Tonnen Schub. Zwei Hilfsraketenmotoren waren links und rechts davon befestigt.
Der Pilot saß in einer Druckkabine im vorderen Rumpfende. Ein dreirädriges Fahrwerk war für die Landung im Gleitflug eingebaut.
Der mittig eingebaute Bombenschacht enthielt eine 3629 kg schwere Bombe. An Bord waren keine Abwehrwaffen wie MGs eingebaut. Das Leergewicht des Bombers sollte 9979 kg betragen.
Auch die Flugkurve des Bombers war schon fest-

gelegt. In einer Höhe von 1500 Metern war vorgesehen, das Haupttriebwerk für 8 Minuten zu zünden und in dieser Zeit fast 90 Tonnen Treibstoff zu verbrennen. Dadurch wurde der Bomber auf eine Geschwindigkeit von 22.100 km/h beschleunigt und eine Höhe von über 145 Kilometern erreicht. Einigen Quellen zufolge sollte sogar eine Höhe von 280 km möglich sein.[1]
Bei der Landung des Bombers sollte die Atmosphäre als „Bremse" genutzt werden, ähnlich wie ein flacher Kieselstein übers Wasser hüpft und dabei immer langsamer wird. Die Einrichtungen zum Testen der Raketenmotoren wurden 1941 gebaut. Kurz danach wurde dieses und alle anderen derartigen „Zukunfts"- Programme gestoppt. Zumindest besagen dies die überlieferten Berichte ...
Selbst in unserer heutigen, technisch so anspruchsvollen Welt darf dieses Projekt aber immer noch als beeindruckend bezeichnet werden.

INDIZIEN

Deutsche oder amerikanische Atombomben?

Da hätten wir das Vorzeigeprojekt der amerikanischen Militärs und Wissenschaftler schlechthin: Das Manhattan Projekt, das die amerikanische Atombombe betraf und auf welches man – bis heute – stolz ist. Doch zu Recht?
Endziel dieser gewaltigen Unternehmung war, wie sicher allgemein bekannt sein dürfte, die Produktion von waffenfähigem atomaren Material und die Schaffung einer US-Atomwaffe, mit der man den Wettlauf gegen die (vermutete) deutsche Atomforschung gewinnen wollte.
Millionen von Dollars wurden investiert, Zehntausende von Menschen arbeiteten an diesem Ziel unter strengster Geheimhaltung. Und, so die Geschichtsschreibung, natürlich führte dieses erste „Schwarze Welt"-Unternehmen der USA zu dem erhofften Erfolg, der den Deutschen versagt blieb. Aber stimmt diese Behauptung?
In einem Memorandum an den amerikanischen Präsidenten schreibt Senator Byrnes am 3. März 1945:
„... I understand, that the expenditures for the Manhattan Project are approaching 2 Billion Dollars with no definite assurance yet of production

... However if the project proves a failure, it will then be subjected to relentless investigation and criticism."
In freier Übersetzung bedeutet dies, daß Senator Byrnes am 3. März 1945 erhebliche Zweifel äußerte, ob daß Vorhaben tatsächlich zum Erfolg führen würde. Und das ganze 4 Monate, bevor die erste Atombombe auf einem amerikanischen Testgelände detonierte!
Weiterhin liefert Byrnes auch gleich eine mögliche Erklärung für den späteren Schwindel, so er denn stattgefunden hat:
„... Wie auch immer, wenn das Projekt einen Fehlschlag produziert, wird es zu erbarmungslosen Untersuchungen und Kritik führen ..."
Die Politiker der damaligen Zeit waren den heutigen sicher nicht unähnlich – auch damals wollte man die Macht nicht so einfach aus den Händen geben. Nach einem solchen Fehlschlag allerdings wäre den wichtigsten Leuten in Washington wohl keine andere Möglichkeit geblieben, als zurückzutreten. Die zu treffende Entscheidung wäre somit gewesen:
„Gib zu, daß du zwei Milliarden Dollar an Steuergeldern in den Sand gesetzt hast", ... und Ende der Karriere.
Oder: „Mach aus dem Fehlschlag einen Erfolg, und die Anerkennung ganz Amerikas ist dir ge-

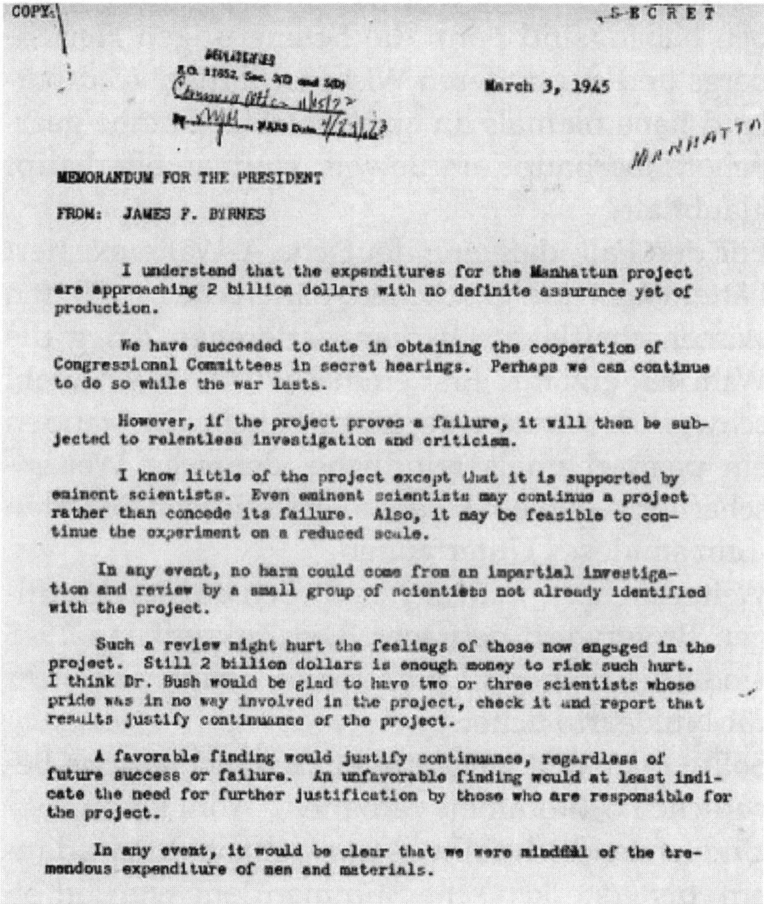

COPY

SECRET

DECLASSIFIED
E.O. 11652, Sec. 3(E) and 5(D)

March 3, 1945

MANHATTAN

MEMORANDUM FOR THE PRESIDENT

FROM: JAMES F. BYRNES

I understand that the expenditures for the Manhattan project are approaching 2 billion dollars with no definite assurance yet of production.

We have succeeded to date in obtaining the cooperation of Congressional Committees in secret hearings. Perhaps we can continue to do so while the war lasts.

However, if the project proves a failure, it will then be subjected to relentless investigation and criticism.

I know little of the project except that it is supported by eminent scientists. Even eminent scientists may continue a project rather than concede its failure. Also, it may be feasible to continue the experiment on a reduced scale.

In any event, no harm could come from an impartial investigation and review by a small group of scientists not already identified with the project.

Such a review might hurt the feelings of those now engaged in the project. Still 2 billion dollars is enough money to risk such hurt. I think Dr. Bush would be glad to have two or three scientists whose pride was in no way involved in the project, check it and report that results justify continuance of the project.

A favorable finding would justify continuance, regardless of future success or failure. An unfavorable finding would at least indicate the need for further justification by those who are responsible for the project.

In any event, it would be clear that we were mindful of the tremendous expenditure of men and materials.

Abb. 6: Senator Byrnes Brief an den amerikanischen Präsidenten.

wiß". – Für welche Möglichkeit man sich da wohl entschieden hätte?
Und: Sollte es eine deutsche Nuklearwaffe gegeben haben, sind dann die Beteuerungen Heisenbergs und der anderen Wissenschaftler, Deutschland habe niemals an einer solchen Bombe gearbeitet, überhaupt ein Beweis, sind sie überhaupt glaubhaft?
Für den Fall, daß eine deutsche A-Waffe existiert hätte: Was wäre geschehen, hätten die beteiligten Wissenschaftler nach dem verlorenen Krieg die Wahrheit erzählt? Erst einmal würde ihnen wohl schwerlich jemand geglaubt haben. Da standen ein paar, ehemals feindliche, deutsche Wissenschaftler gegen ein Heer amerikanischer Experten – ein sinnloses Unterfangen.
Weiterhin hätte man sich natürlich um den künftigen Broterwerb gebracht. Die Zukunft lag 1945 eindeutig nicht in Deutschland, schon gar nicht für Nuklearforscher.
Sollte man sich wegen alter Geschichten das berufliche Fortkommen verbauen? Wohl kaum.
Und letztendlich sollte es nur wenige Monate dauern, bis erste kritische Stimmen laut wurden ob der Vernichtungskraft der Bombe und der damit verbundenen moralischen Verantwortung; dann wollte man wohl kaum derjenige sein, der schuldig am Tod von unzähligen Opfern in Hiroshima

und Nagasaki war. Schon gar nicht, als das Regime in Deutschland auch so schon genügend Morde verursacht hatte. War die Vertuschung der Bombe eine Art Versuch, „den bösen Deutschen“ nicht noch böser erscheinen zu lassen?
Daß die deutschen Physiker, entgegen ihren Beteuerungen, doch an einer A-Bombe arbeiteten, ist aber nur eine denkbare Möglichkeit. Eine weitere wäre, daß das Ziel der Forschung gar nicht in der Konstruktion eine atomaren Explosivwaffe, sondern einer atomaren „Verstrahlungs-“ oder „Vergiftungs-“Waffe lag.
Phillip Henshall[2] vertritt die Auffassung, die V2-Raketen seien teilweise extra für die Aufnahme solcher andersgearteten Sprengköpfe umkonstruiert worden. (Hier würde dann auch Hitlers Antipathie gegen Giftgas kein Gegenargument mehr darstellen, da es sich eben um eine völlig neue Waffe gehandelt hätte. Allerdings gehen Hitlers Andeutungen bezüglich der neuen, furchtbaren Waffe ja eindeutig in Richtung Explosivwaffe.)
Henshall geht davon aus, daß die deutschen Abschußbunker und Stellungen in Frankreich für zwei verschiedene Arten von V2 konzipiert waren – für normale und für modifizierte, radioaktives Material tragende. Als einen Beleg führt er an, daß ein Teil der Abschußsilos spezielle Vorrichtungen besaß, der andere Teil aber, obwohl zum

selben Zeitpunkt gebaut, nicht. Diese speziellen Abschußbasen verfügten erstaunlicherweise über Raketensilos. Diese Silos waren mit einer tonnenschweren Luke versehen, welche erst vor dem Abschuß aufgezogen wurde, um den Schacht freizugeben.

Auch die Versorgungseinrichtungen der Basen sind – den Angaben von Henshall zufolge – ungewöhnlich. Eine Beschreibung allerdings würde hier zu weit führen, ich empfehle Interessenten statt dessen die entsprechende Originalliteratur.

Als relativ sicher dürfte mittlerweile ebenfalls gelten, daß die SS selbständige Forschungen in bezug auf Atomtechnologie durchgeführt hat, beispielsweise in den Skoda-Werken in Prag und Umgebung.

Neben den sicheren Informationen gibt es auch zahlreiche „Gerüchte", die auf eine Zusammenarbeit deutscher Forscher mit ausländischen Experten hindeuten. So wäre es durchaus denkbar, daß österreichische oder japanische Forscher (insbesondere letztere tauchen in den „Gerüchten" immer wieder auf) nicht nur im Bereich atomarer Antriebe für die SS arbeiteten, sondern eben auch an einer nuklearen Explosivwaffe. Immerhin ist es von einem funktionsfähigen Reaktor kein allzu weiter Weg mehr dorthin. Bezeichnenderweise fürchteten die Amerikaner nicht nur einen Atomforschungs-Vorsprung der Deutschen. Nein, auch den Japanern traute man zu, den eigenen Erkenntnissen weit voraus zu sein ...

Wenn man in den USA dachte, alle Welt sei weiter als man selbst, wie weit zurück war man dann in Wirklichkeit?

Ein hochinteressanter Aspekt, der zeigt, daß die deutsche Forschung wahrscheinlich weiter als gedacht war, steht mit einem deutschen U-Boot in Zusammenhang, das auf dem Weg nach Japan abgefangen wurde. Dieses U-Boot, die U-234, sollte Hochtechnologie zum japanischen Verbündeten transportieren, worunter sich Pausen von Geheimwaffen ebenso befanden wie greifbare Belege der deutschen Forschung in Form von V2-Teilen beispielsweise. Allerdings war auch etwas an Bord, das die zuständigen amerikanischen Behörden erschütterte. Über die U-234 „ ... erschienen britische und deutsche Publikationen, wonach Lt. Col. John Landsdale, der Chef der Sicherheit und des Nachrichtendienstes des Manhattan Projekts mit Panik reagierte, als er erfuhr, aus was die Ladung von U-234 bestand. Man kann sich wohl leicht ausmalen, warum; immerhin erwartete man allenfalls Uranoxyd ... aber kein *Gammastrahlen emittierendes Material* ...“.[3] [Hervorhebung durch den Autor]

Gammastrahlendes Material? Gibt es dafür Beweise? Keine direkt zugänglichen, wie so oft. Ein Hinweis könnte allerdings die Tatsache darstellen, daß die Behälter, in denen das angereicherte Material untergebracht worden war, mit Gold beschichtet waren, um das aggressive Material nicht zu einer Gefahr für das U-Boot werden zu lassen. In diesem Zusammenhang sei auch nochmals an den zeitlichen „Zufall" erinnert. Die erste erfolgreiche amerikanische Zündung einer „Implosionsbombe", also des maßgeblichen Gerätes für eine damalige Atombombe, erfolgte am 11. April 1945. Fast zur gleichen Zeit wird das Atomlabor in Stadtilm entdeckt, anschließend fährt ein amerikanischer Jeep durch die Ortschaft, der verkündet, daß „ ... durch die hier gemachte Entdeckung die Schuld der Deutschen am Zweiten Weltkrieg getilgt sei ..."[4]

Nicht nur ich vermute, daß die deutsche Atomphysik wesentlich weiter fortgeschritten war und damit auch das deutsche Atomwaffenprogramm. Der amerikanische Autor Carter Hydrick, der u.a. die Daten zu U-234 und zum Manhattan Projekt recherchierte, schreibt in seinem – bisher unveröffentlichten, doch teilweise über das Internet abrufbaren – Buch „Critical Mass", folgendes:

„... Nazi-Deutschland begann ein geheimes Programm, um eine Atombombe zu entwickeln. Entgegen der verbreiteten Meinung wurde es fast

vollendet ..."
Im Frühjahr 1945, so Hydrick weiter, hatte das amerikanische Manhattan Projekt bereits 2 Milliarden Dollar Steuergelder verbraucht. Trotz der zu registrierenden Fortschritte stand das Projekt vor dem Scheitern, weil weder genügend angereichertes Uran rechtzeitig produziert werden konnte, noch ein Zünder für die Plutonium-Bombe zur Verfügung stand, die andere Alternative.
Schaut man sich die Listen des versandten Urans an, stellt man ebenfalls Erstaunliches fest. „... Momentan werden wir am 7. Februar [1945] 10 Kilo und am 1. Mai [1945] 15 Kilo angereichertes Uran haben ...", schreibt Eric Jette, Chef-Metallurgiker des Manhattan Projekt am 28. Dezember 1944. Basierend auf den Produktionszahlen, welche bis zum Ende des Krieges annähernd konstant blieben, hätten insgesamt nur 30 Kilogramm waffenfähiges Uran hergestellt werden können.
Die amerikanische Atombombe aber hatte 50 Kilogramm „an Bord"... Das Manhattan Projekt hat also auf mysteriösem Wege 20 Kilogramm angereichertes Uran „gefunden". Stammen diese von U-234? Wurde auf diesem U-Boot also doch angereichertes Uran transportiert?! Ich werde an entsprechender Stelle darauf zurückkommen.
Freilich geben deutsche Archive oder auch die vielzitierten „Speer-Akten", die von vielen als

Weisheit letzter Schluß angesehen werden, keine Informationen über die wahren Ergebnisse der deutschen Atomforschung her. Die Meinung der etablierten Geschichtsschreibung, eine deutsche Atombombe könne gar nicht möglich sein, weil sich in den „Speer-Akten“ nichts darüber finden lasse (immerhin war ja Speer Rüstungsminister des Dritten Reiches) will nichts besagen.
Für die V-Waffen-Fertigung und die Untergrundinstallationen war SS-Obergruppenführer Kammler zuständig. Dieser hatte aus Gründen der Geheimhaltung verboten, schriftliche Unterlagen, die den Stand spezieller Entwicklungen dokumentieren konnten, aufzubewahren. Für strategisch wichtige Anlagen und Projekte wurden zwar Befehle schriftlich erteilt, doch diese wurden nach dem Lesen sofort vernichtet. Hitler hatte spätestens nach dem Anschlag auf sein Leben in der Wolfsschanze das Vertrauen in das normale Militär verloren und statt dessen die SS mit allen erdenklichen Machtbefugnissen ausgestattet.
Hinzu kommt, daß auch heute das Verteidigungsministerium nicht zwingend weiß, was die Telekom so alles baut und woran sie forscht. Mittlerweile dürfte zudem hinreichend bekannt sein, daß auch die Reichspost – und hier besonders ihre Forschungsanstalt – begierlich auf die „unerschöpfliche und billige Atomenergie“ schielte.

Und zwar als Antriebsenergie für Raketen zur Postbeförderung. Und waren nicht gerade die Vertreter der Reichspost in gewaltiger Anzahl im Bereich Ohrdruf vertreten? Man schaue sich nur die vielen Nachrichtenämter an ...
Der Möglichkeiten gibt es einige. In vielen Publikationen, die sich ausführlich mit dem amerikanischen Manhattan Projekt einerseits und der deutschen A-Forschung andererseits befassen, finden sich diesbezüglich deutliche Bemerkungen, man muß sie nur richtig lesen.
Da ist beispielsweise der Besuch Heisenbergs bei Niels Bohr zu nennen, der von Bohrs Sohn wie folgt wiedergegeben wurde:
„... Der Eindruck, daß (der Atomenergieforschung) in Deutschland große militärische Bedeutung beigemessen wurde, verdichtete sich bei dem Besuch Heisenbergs und Weizsäckers in Kopenhagen im Herbst des Jahres 1941...“.[5]
Allerdings negiert und relativiert der Autor Richard Rhodes, der diesen Passus in seinem Buch „Die Atombombe“ veröffentlichte, sogleich diese Darstellung durch Aussagen der Ehefrau Heisenbergs, um schließlich in seiner „Deutung“ zu enden, Heisenberg habe dies ja alles gar nicht so gemeint ...
Ein anderes Beispiel: Die „Dringlichkeit der Uranforschung“ mußte angeblich gemindert werden,

weil der nötige Rohstoffeinsatz etc. nur für Projekte entbehrt werden konnte, die in absehbarer Zeit zum Erfolg führten. Zu diesem Zweck wurde das Programm dem Reichsministerium für Wissenschaft unterstellt ... unter Leitung von Bernhard Rust also, seines Zeichens *SS-Obergruppenführer*. – Welch ein Zufall!

Schon 1942 war vielen Leuten durchaus bewußt, daß der Krieg verloren war. Ende April 1942 meinte Generaloberst Fromm, Befehlshaber des Ersatzheeres:

„... daß der Krieg nur noch dann Aussicht habe, wenn wir eine Waffe mit völlig neuen Wirkungen entwickelten. Er habe Kontakte mit einem Kreis von Wissenschaftlern, die einer Waffe auf der Spur seien, die ganze Städte vernichten könne ...“[6]

Am 4. Juni 1942 fragte Albert Speer den Atomwissenschaftler Heisenberg, wie die Kernphysik die Herstellung von Atombomben vorbereiten könne. Heisenberg erklärte, daß die wissenschaftliche Lösung gefunden sei und die produktionstechnischen Voraussetzungen frühestens in zwei Jahren zu erwarten seien, sofern man genug Unterstützung bekäme. (Zur Erinnerung: Diebners Mitarbeiter in Stadtilm sagte im Sommer 1944, die Bombe sei fertig; fast auf den Tag genau zwei Jahre später ...). Was ihnen vor allem fehle, sagte Heisenberg, seien Zyklotrone. Speer bot an, diese

bauen zu lassen, ebenso große oder größere ... wie die in den Vereinigten Staaten.[7]
Heisenberg wandte ein, daß die deutschen Physiker noch nicht genug Erfahrung mit dem Bau von Zyklotronen hätten und daß man deshalb erst einmal im Kleinen anfangen müsse.
Speer aber „forderte die Forscher auf, die Maßnahmen, die Geldsumme und die Materialien zu nennen, die notwendig seien, um die Kernforschung zu fördern".[8]
Einige Wochen später folgten sie dieser Bitte, doch ihre Forderungen erschienen einem Reichsminister, der es gewohnt war, mit Milliardenbeträgen umzugehen, als eine Bagatelle: „Wenige Wochen später wurden einige hunderttausend Mark beantragt und Stahl, Nickel und andere kontingentierte Metalle in unbedeutenden Größenordnungen. Eher befremdet über die Geringfügigkeit der Forderungen in einer so entscheidend wichtigen Angelegenheit erhöhte ich die Geldsumme auf ein bis zwei Millionen Mark und sagte entsprechende Materialmengen zu. Mehr jedoch konnte augenscheinlich zunächst nicht verarbeitet werden ..."[9]
Bei seinen regelmäßigen Treffen mit Hitler berichtete Speer pflichtgemäß über die Ergebnisse der Besprechungen vom Juni:
„... Auch zu mir sprach Hitler gelegentlich von der Möglichkeit einer Atombombe, doch überfor-

derte der Gedanke ganz offenkundig sein Begriffsvermögen. Das erklärt auch seine Unfähigkeit, den revolutionären Charakter der Nuklearphysik zu begreifen. In den 2200 erhaltenen Punkten meiner Besprechungen mit Hitler taucht nur ein einziges Mal die Kernspaltung, noch dazu in lakonischer Kürze, auf.
Zwar beschäftigte er sich mitunter mit deren Aussichten, doch haben ihn meine Informationen über das Gespräch mit den Physikern in der Auffassung bestärkt, die Angelegenheit nicht intensiver zu verfolgen ...
Hitler war von der Möglichkeit, daß die Erde sich unter seiner Herrschaft in einen glühenden Stern verwandeln könne, offensichtlich nicht entzückt. Gelegentlich scherzte er darüber, daß die Wissenschaftler in ihrem weltfremden Drang nach Enthüllung aller irdischen Geheimnisse eines Tages den Erdball in Brand setzen könnten ...".[10]
Wahrlich beeindruckend: Wissenschaftler, die, wenn sie schon einmal nach ihren Wünschen gefragt werden, lieber zuwenig Geld denn zuviel fordern – wer hat so etwas schon einmal im Verlaufe der Wissenschaftshistorie gehört?
Und Hitler? Hitler ist doch immer der destruktive Weltenzerstörer, der, als er merkte, daß sein Krieg nicht mehr zu gewinnen war, das ganze deutsche Volk mit in den Abgrund nehmen wollte!? – Zu-

mindest bekommt man es so eingetrichtert. Aber wie paßt ein Hitler dazu, der von der Vorstellung, durch ihn könne eventuell der Erdball in Flammen aufgehen, wenig entzückt ist? *Irgendetwas stimmt hier nicht.* Sind das alles nur Zufälligkeiten?

Auch das überlieferte „Ende" der deutschen Nuklearforschung weist bemerkenswerte *Zufälligkeiten* in Form von Übereinstimmungen in den Terminen gewisser Ereignisse auf.

Am 12. April 1945 besetzen die Amerikaner Diebners Labor in Stadtilm, am 21. April 1945 das Labor Heisenbergs in Haigerloch. Nur 4 Tage später, am 25. April 1945, verliest der amerikanische Präsident ein Memorandum, in dem es heißt:

„Im Laufe der nächsten 4 Monate werden wir mit aller Wahrscheinlichkeit die schrecklichste Waffe fertigstellen, die die Menschheit in ihrer Geschichte je gekannt hat. Eine Waffe, die es ermöglichen könnte, mit einer Bombe eine ganze Stadt zu zerstören."

Und nach all den Terminschwierigkeiten und Unklarheiten, die ja angeblich noch bestanden, wird dieser „Termin" eingehalten, ja mehr noch, unterboten, denn schon am 17. Juli 1945 wird die Testbombe gezündet. *Bemerkenswert!*

Einige interessante Aufschlüsse könnte auch ein Interview mit Carl Friedrich von Weizsäcker geben, das im Internet (siehe: http://www.uni-muenster. de/PeaCon/arc2/wuf29518.html) veröffentlicht wurde und aus dem einige Passagen vorgestellt werden sollen:

„KUBBIG: General Groves, der militärische Leiter des amerikanischen Atomwaffenprogramms, spendet Ihnen in seinen Erinnerungen (‚Now It Can Be Told', New York 1962) viel Lob, und zwar in Zusammenhang mit den Gesprächen unter den wichtigsten deutschen Atomwissenschaftlern, die im britischen Farm Hall interniert waren.

In den von den Alliierten abgehörten und aufgezeichneten Gesprächen, die inzwischen vollständig auch in einer deutschen Ausgabe erschienen sind, spricht General Groves (S. 336) beispielsweise von Ihren ‚prophetischen Bemerkungen' über die internationalen Auswirkungen der Atombombe; und er zitiert dann Ihren Kollegen Bagge, der bemerkte: ‚I think it is absurd for Weizsäcker to say he did not want the thing (die Bombe, B.W.K.) to succeed. That may be so in his case, but not for all of us.'

Könnten Sie im Anschluß hieran Ihre Position, und vielleicht auch die Ihrer Kollegen, noch einmal kurz darlegen?

VON WEIZSÄCKER: Meine Position ergab sich zunächst aus drei Folgerungen, die ich schon im März 1939 gezogen hatte:

A. Wenn Atombomben möglich sind, wird es in der heutigen Menschheit jemanden geben, der sie herstellt.
B. Wenn Atombomben hergestellt sind, wird es jemanden geben, der sie einsetzt.
C. Beides folgt aus der jahrtausendealten politischen Institution des Krieges. Also hat die Menschheit jetzt nur noch die Wahl, entweder die Institution des Krieges zu überwinden oder sich selbst zugrundezurichten.
KUBBIG: Sie haben in den letzten Jahren nach Erscheinen des Buches ‚Die Uranmaschine' des US-Historikers Mark Walker wiederholt erklärt, daß Sie etwa bis 1940/41 durchaus nicht ausgeschlossen haben, eine deutsche Atombombe könne gebaut werden. Im Juli 1940 haben Sie das Heereswaffenamt in einem Bericht darüber informiert, daß mit Plutonium Atomsprengköpfe hergestellt werden könnten. Hieran möchte ich zwei Fragen anschließen. Erstens: Wie stellen sich Ihre damaligen Positionen und Aktivitäten für Sie heute dar? Zweitens: Zeigen nicht ihre Farm Hall-Äußerungen, daß sich in Ihnen bereits ein beachtlicher Lernprozeß in der Zeit zwischen 1940/41 und 1945 vollzogen hatte?
VON WEIZSÄCKER: September 1939, Beginn der Uranarbeiten in Deutschland unter der Organisation des Heereswaffenamtes. Ich fühlte mich verpflich-

tet gegenüber den Menschheitsproblemen, daran mitzuarbeiten. Warum? Später, ca. 1945, sagte ich mir: Ein solches Risiko darf ich nicht noch einmal in meinem Leben eingehen.
Reaktionen 1939: Ich bewog Heisenberg mitzuwirken. Seine Antwort: ‚Hitler hat einen Krieg angefangen, den er in einem Jahr verlieren wird. Bis dahin kann keine Atombombe fertig sein. Aber der kriegswichtige Auftrag rettet die Mitarbeiter vor dem Militärdienst oder anderen wirklich kriegstechnischen Arbeiten. Wir sollten erkennen, ob und wann die Bombe möglich ist und dann erkennen, wie wir weiter handeln müssen. Und nach dem verlorenen Krieg müssen wir für unsere Mitmenschen in Deutschland dasein.'"
Soweit dieses Interview.
Der Hinweis auf die Rettung vor dem Militärdienst scheint eine beliebte Ausrede der Nachkriegszeit gewesen zu sein, und ist von daher eher belanglos.
Weizsäcker sagt hier aber auch ganz klar, er sei sich bewußt gewesen, daß irgendwer auf jeden Fall eine Atombombe entwickeln würde, ob nun England, die USA oder die Sowjetunion. Damit war ihm augenscheinlich auch klar, daß sie eingesetzt werden würde. Und damit, das Deutschland ebenfalls eine Nuklearwaffe brauchte – entweder, um sie tatsächlich einzusetzen, oder aber um sie

zur Abschreckung gegen äußere Feinde zu besitzen.
Die Aussagen der deutschen Atomforscher, die da unisono den Chor „wir wollten keine Atombombe entwickeln" anstimmen, halte ich für unglaubwürdig.
Es wären die ersten Wissenschaftler, die, ohne jede Ausnahme, sich geschlossen der Verantwortung ihres Handelns bewußt waren.
So etwas gab es nicht bei den an der Forschung und Entwicklung beteiligten Experten, als es darum ging, Verbesserungen von konventionellen Sprengstoffen und Bomben vorzunehmen, die möglichst mehr Wirkung (gleich mehr Tote) haben sollten, und das gab es nicht bei der Entwicklung von giftigsten Kampfstoffen, die im Ergebnis wohl gleichviel oder sogar mehr Menschen töten konnten wie eine Atombombe.
Nur die deutschen Nuklearphysiker waren sich „der Verantwortung voll bewußt". Dann müssen diese Physiker wahrlich besondere Menschen gewesen sein, und mit erheblich weniger Patriotismus behaftet als ihre amerikanischen Kollegen.
Meiner Meinung nach ist das Thema „Verantwortungsgefühl" erst nach dem Zweiten Weltkrieg überhaupt zu einem solchen geworden. Für eine Entscheidungsfindung während des Krieges für oder gegen die Bombe hat es keine Rolle gespielt.

Merkwürdigkeiten

Ein weiterer deutscher Forscher, der nach „verlorenen" Technologien des Zweiten Weltkrieges sucht, ist Karl-Heinz Zunneck. In seinem aktuellen Buch „Geheimtechnologien 2 – Militärische Verwicklungen, öffentliche Manipulation und die Herkunft der ‚UFO's'", das nur wenige Wochen vor meinem zweiten Buch im CTT-Verlag erschien, behandelt er ebenfalls das Thema der deutschen Atombombe. Er tut das allerdings aus einem anderen Grund, denn er versucht zu beweisen, daß die Atomtechnologie im Dritten Reich nur ein Bestandteil weiterer geheimer und geheimster Entwicklungen war. In dem Kapitel „Tabu-Bruch: Die Waffe, die es angeblich nicht gab – die deutsche Atombombe" zeigt er einige Aspekte auf, die meine Ansichten unterstützen. Herr Zunneck sowie mein Verleger Herr Mehner haben mir dankenswerterweise gestattet, Teile des o.g. Kapitels hier wiederzugeben:

Gewiß, die »seriöse« Forschung und Geschichtsschreibung meint, das Deutschland das Rennen um die Atombombe spätestens 1942 aufgegeben habe, obwohl man zunächst über die am weitesten entwickelten theoretischen Mittel und Möglichkeiten verfügte. Schließlich war die Spaltung von Urankernen durch Neutronen 1938 von Fritz

Strassmann und Otto Hahn in Berlin entdeckt worden. Deutschland verfügte über eine Reihe weiterer Experten in dieser Hinsicht, deren Namen allgemein sind: Heisenberg, Bagge, von Weizsäcker, von Laue, Wirtz, Diebner, Bothe, Harteck, Gerlach – um nur einige zu nennen.

Während des Sommers 1939 befand sich Heisenberg auf einer Vortragsreise in den USA. Bei dieser Gegelegenheit führte er ein längeres Gespräch mit seinem alten Freund Fermi, der später am amerikanischen Atombombenprojekt maßgeblich beteiligt war. Beiden war dabei klar, daß die Entdeckung der Atomkernspaltung eine Reihe militärischer wie auch ziviler Nutzanwendungen nach sich ziehen könne und das Maßnahmen zur Entwicklung entsprechender Technologien von allen führenden Nationen (Sowjetunion, USA, Deutschland) vorangetrieben werden würden.

Am 1. September 1939 begann der Zweite Weltkrieg. Einstein hatte knapp einen Monat zuvor seinen berühmt gewordenen Brief an den US-Präsidenten Roosevelt geschrieben und diesen aufgefordert, angesichts der deutschen Bedrohung eine amerikanische Uranbombe zu entwickeln. Wir wissen, was daraus entstand: das amerikanische Manhattan-Projekt, das erste große »Schwarze-Welt«-Projekt der USA.

Nach offizieller Lehrmeinung schlug das Atom-

energieprogramm in Deutschland hingegen eine andere Richtung ein. Auf einem der streng geheimen »Uran-Treffen« sprach Heisenberg über die Möglichkeiten der Kernspaltung. Nach den überlieferten Informationen – es gab merkwürdigerweise keine Gesprächsprotokolle – sprach er sich für eine friedvolle Nutzanwendung der Kernenergie aus. Er meinte, als Wissenschaftler und als verantwortungsvoller Mensch solle man nicht an der Entwicklung einer Atombombe arbeiten. Rüstungsminister Speer, der ebenfalls anwesend war, behauptete später in seinen Memoiren, daß das Projekt einer deutschen Atombombe schon 1942 verworfen worden wäre, nachdem klar wurde, daß ihre Entwicklung drei bis vier Jahre dauere. ...

... Die Behauptung, das Deutschland im Zweiten Weltkrieg nicht an einer Atomwaffe gearbeitet habe, ist zudem in höchstem Maße unlogisch. Werner von Braun, der deutsche Raketenpionier, wußte während der Kriegsjahre sehr wohl, daß in verschiedenen Ländern an der Realisation einer Atombombe geforscht wurde. Und er war mit diesem Wissen nicht allein. Deutschland konnte es sich somit bei seinen Großmachtbestrebungen überhaupt nicht leisten, nicht an einer solchen Waffe zu arbeiten, wollte man in der Führung des Dritten Reiches nicht von vornherein den Zwei-

ten Weltkrieg verloren geben. Das bedeutet, daß es eine militärstrategische Notwendigkeit für dieses Projekt gab. Hitler, der vom Endsieg überzeugt war, hätte beim Eintreffen eines solchen Falles, des Sieges Deutschlands also, keinerlei Möglichkeit der Machtstabilisierung gehabt. Auch wäre eine effektive Gegenwehr im Falle der Entwicklung einer solchen Atomwaffe durch eine andere Nation nicht möglich gewesen. Hitlerdeutschland hätte mit einem Schlag all das verloren, was er erreicht hatte. Glaubt man allen Ernstes, daß eine solche Möglichkeit nicht in Betracht gezogen wurde?
Sicher, das sind nur theoretische Erwägungen. Aber konnte sich das Dritte Reich, das überall sonst im Bereich der Hochtechnologien federführend war, ausgerechnet auf dem Gebiet der Atomwaffentechnik einen Lapsus erlauben? – Wohl kaum!
Trotzdem werden viele Historiker nicht müde, das Gegenteil zu behaupten. Der Geschichtsprofessor McGeorge Bundy von der New York University und Sonderberater des US-Präsidenten in Sachen nationaler Sicherheit (von 1961 bis 1966), schrieb 1968: »... Rückblickend ist es gut, sich daran zu erinnern, daß die Deutschen den Wettlauf um die Bombe nie aufgenommen haben, daß Adolf Hitler die Möglichkeiten nie verstand und

daß die besten deutschen Physiker es nie wirklich versuchten.« – Amen!
Bundy konnte natürlich zu keinem anderen Ergebnis kommen. Als Berater für nationale Sicherheitsfragen des US-Präsidenten war ihm sehr wohl bewußt, wie die Bewertung auszufallen hatte. Alles andere hätte massive Implikationen mit den US-Sicherheitsinteressen ergeben.
Erinnern wir uns: Als der amerikanischen Atomphysiker Robert Oppenheimer (wissenschaftlicher Leiter des »Manhattan-Projekts«) erkannt hatte, welche Katastrophe die Atombombenabwürfe über den japanischen Städten Hiroshima und Nagasaki ausgelöst hatten, weigerte er sich in der Folge an ähnlichen Projekten, wie beispielsweise der Entwicklung einer amerikanischen Wasserstoffbombe, mitzuwirken. Man beschuldigte ihn nun von staatlicher Seite, ein verkappter Kommunist zu sein (spätere KGB-Dokumente zeigen, daß er tatsächlich Informationen an die Russen weitergegeben hatte) und entzog ihm daraufhin seine Sicherheitseinstufung. Robert Oppenheimer rächte sich auf seine Weise und erklärte öffentlich, die über den japanischen Städten Hiroshima und Nagasaki abgeworfenen Atombomben stammten nicht aus den USA, sondern seien deutscher Herkunft. Leider wurde der Hinweis von der Weltöffentlichkeit nicht verstanden ...

Deutschland war – meines Erachtens – sehr wohl fähig und in der Lage, Atomwaffen zu herzustellen. Bei den bisherigen Betrachtungen begeht man einen entscheidenden Fehler, indem man das US-amerikanische Manhattan-Projekt als Maßstab aller Vergleiche heranzieht. Dabei ist klar, daß die von den Amerikanern angewandte Diffussionsmethode das teuerste, langwierigste und umständlichste Verfahren zur Herstellung der Grundstoffe für die Atomwaffe überhaupt war – man bezeichnete es als Alptraum für jeden Wissenschaftler und Ingenieur – und das von deutschen Wissenschaftlern von vornherein abgelehnt wurde. Es gab alternative Methoden, beispielsweise in Form der Verwendung einer Ultrazentrifuge für die Isotopentrennung. Denkbar wäre auch der Einsatz eines Teilchenbeschleunigers, um an die Grundstoffe der Atomwaffe zu gelangen.

Vieles spricht dafür, daß diese Technologien im Raum Truppenübungsplatz Ohrdruf – Jonastal (Thüringen) unterirdisch zum Einsatz kamen. Thüringen war Rückzugsgebiet, und ... auch aus geologischer Sicht für solche Vorhaben bestens geeignet. Schließlich bestand die Notwendigkeit, solche Anlagen zum einen »bombensicher« zu verbunkern, anderseits wollte man wahrscheinlich bei einem Unfall die Verseuchung des betreffenden Gebietes in Grenzen halten. Nicht um-

sonst gab es genau dort das Bauvorhaben S III Jonastal, das von seiner Bedeutung her zum Schluß mit einer Dringlichkeitsstufe versehen wurde, die noch über dem höchst kriegswichtigen Geilenberg- und V-Waffen-Programm lag. Logischerweise kann es sich nur um ein Projekt gehandelt haben, von dem sich die Führung des Dritten Reiches noch eine Wende im Krieg versprach. Und um die Wichtigkeit des Ganzen zu unterstreichen, übernahm der Technokrat SS-Obergruppenführer Kammler die Gesamtleitung. »S« stand übrigens für Sonder(bau)vorhaben. Im Dritten Reich wurden sogenannte A-, B- und S-Vorhaben realisiert. Bei A-Projekten wurden wichtige Produktionseinrichtungen in natürlich vorhandene unterirdische Höhlungen verlagert, um sie der alliierten Bombardierung zu entziehen. Bei B-Vorhaben schuf man diese Hohlräume künstlich, in dem man teils gewaltige Bunkersysteme unter der Erde anlegte. Die S-Vorhaben lagen in ihrer Bedeutung über den A- und B-Projekten, sind aber von ihrem Hintergrund nur schwer zu identifizieren. S III Jonastal hat definitiv mit Hochtechnologie zu tun und könnte die Produktion von sogenannten »Siegeswaffen« umfassen. S II konnte ich bisher weder örtlich noch projektbezogen identifizieren. Bei S I handelt es sich höchstwahrscheinlich um das Projekt der deutschen

Atombombe, das zum Schluß in Richtung S III verlagert wurde.
Vieles spricht auch dafür, daß die von mir weiter vorn genannten Atomexperten Deutschlands nur einen Teil aller Wissenschaftler auf diesem Gebiet darstellten. So mag es durchaus den Tatsachen entsprechen, daß diese Vorführ-Spezialisten komplett oder teilweise tatsächlich nichts vom wahren Stand der Dinge wußten, weil sie einer Gruppe angehörten, die sich selbst ins Aus manövriert hatte.
Der von mir ausführlich wiedergegebene und erst 1994 deklassifizierte Brief von Guido Bernardy behauptet, das Deutschland im Besitz von sechs Atombomben gewesen sei. Diese seien durch die Firmen Krupp sowie Blom und Voss entwickelt worden – Unternehmen also, die bisher in bezug auf die deutsche Atomforschung überhaupt nicht in Erscheinung traten. Selbst wenn man vielleicht glauben möchte, daß Bernardys Brief das Produkt kranker Fantasien sei, bleibt festzuhalten, daß beinahe gleichlautende Informationen aus einer anderen Richtung kommen. 1980 (der Bernardy-Brief war noch als geheim eingestuft) erschien im Volkstum-Verlag, Wien, der Roman »Wolfszeit um Thule«, in dem der Autor Wilhelm Landig zahlreiche Sachthemen aus der jüngeren Geschichte behandelt. Die Romanform wurde von ihm be-

wußt gewählt, da die dargestellten Zusammenhänge in meinem Sachbuch möglicherweise zu gewissen »Problemen« geführt hätten. Landig baut als Kenner der Materie – er war eng mit der Ludendorf-Bewegung verbunden und hat den Zweiten Weltkrieg aktiv miterlebt – um geschichtliche Tatsachen eine Rahmenhandlung auf. Trotzdem ist man relativ leicht in der Lage, die historischen Wahrheiten von der Prosa zu trennen.

Landig behauptet nun in seinem Buch, daß auch in Österreich bereits in den dreißiger Jahren Experimente zur Atomforschung stattfanden. In diesem Zusammenhang ist von dem Wiener Professor Hasenöhrl und dem ebenfalls dort ansässigen Physiker Ingenieur Karl Nowak die Rede. Beide Spezialisten werden ansonsten in der Fachliteratur kaum genannt. Nowak soll sogar eine produktionsreife Vorlage zur Entwicklung einer Wasserstoffbombe besessen haben, die – so der Roman von Landig weiter – durch den deutschen Atomphysiker Otto Hahn sabotiert worden sein soll. Starker Tobak!

Doch es kommt noch besser. Auf Seite 149 des Buches erfährt man von der Existenz eines Forschungsstabes unter der Leitung der Professoren Armin Dadieu und Thyssen, der sich ebenfalls mit den Problemen der Kernspaltung beschäftigte.

Anfang 1944 publizierte die deutsche Wochenzeitung »Das Reich« in großer Aufmachung einen Artikel des Journalisten Schwarz van Berg, der Pressebeauftragter im Führerhauptquartier war. Berg behauptete, daß man nunmehr soweit sei, einen Teil der Erde in die Luft zu sprengen. Und noch im gleichen Jahr soll in der Nordsee unter dem Beisein von ausgewählten Beobachtern eine Versuchssprengung stattgefunden haben, die eine Insel von der Bildfläche verschwinden ließ. Angeblich kam eine kleine Atombombe zum Einsatz!

Propaganda, Wunschdenken, Desinformation? – Vielleicht.

Landig erwähnt in seinem Roman, daß das Dritte Reich im Besitz von fünf Atombomben gewesen sei. Sie sollten im April 1945 zum Einsatz kommen. Da jedoch vorher die Zündeinsätze durch einen Sabotageakt verschwanden, lief die Zeit ab, bevor die Ersatzzünder zur Stelle waren, für deren Fertigung man sechs Wochen benötigte. ...

Handgreiflicher hingegen sind Informationen zur deutschen Atomforschung, die durch die Freigabe ehemaliger US-Geheimdokumente das Licht der Weltöffentlichkeit erblickten. Dazu existiert u.a. ein Dokument über »INVESTIGATIONS, DEVELOPMENTS, AND PRACTICAL USE OF THE GERMAN ATOMIC BOMB«, das vom

Hauptquartier der United States Strategic Air Force in Europa am 19. August 1945 verfaßt wurde und die Situation aus der Sicht dieser Militärorganisation darstellt. In dem Bericht wird versucht zu beweisen, daß die deutsche Atomforschung nicht in der Lage war, eine Bombe fertigzustellen. Man gibt allerdings zu, daß einige Fortschritte bei Zyklotronen erreicht wurden. In dem Bericht tauchen auch Namen von Wissenschaftlern auf, die bisher so gut wie nie in Fachpublikationen genannt wurden. In Abschnitt 24 wird behauptet, daß ein substantieller Teil der deutschen Atomforschung in/bei Würzburg beim dortigen Kaiser-Wilhelm-Institut für Physikalische Chemie identifiziert worden sei. Neben Heisenberg werden ein gewisser Dr. Kahn und ein Dr. Daellenbach genannt, die planten, dort ein Zyklotron zu errichten. Planungen für ein Zyklotron gab es auch übrigens auch bei Siemens, die laut Abschnitt 27 des Dokuments allerdings nicht erfolgreich waren.

Dr. Harris – ein beratender Experte, der für den Bericht hinzugezogen wurde – kommt zu dem Schluß, daß die deutsche Atomforschung nicht in der Lage gewesen sei, eine Waffe zu bauen. Der für den Bericht verantwortliche Offizier, Captain H.T. Freiberger, schien dieser Einschätzung nicht zu trauen, denn wie sonst läßt es sich erklären,

daß er zum Schluß noch einen Augenzeugenbericht einfließen läßt, der das im Bericht Gesagte von den Füßen auf den Kopf stellt.
Die Rede ist von einem Augenzeugen namens Zinsser, einem deutschen Flieger und Flak-Raketen-Spezialisten, der während eines Einsatz Anfang Oktober 1944 unterwegs war. Gestartet war er von Ludwigslust aus, um in östliche Richtung zu fliegen. Bei seinem Einsatz, so Zinsser weiter, kam er an einem – von ihm so bezeichneten – Atombombentestgelände (!) vorbei, das er in einer Entfernung von 12 bis 15 km passierte. Während des Vorbeifluges registrierte er einen gewaltigen hellen Lichtblitz, der für etwa 2 Sekunden den Himmel erhellte. Der Augenzeuge sprach von einer deutlich sicht- und spürbaren Druckwelle und von einer großen Explosionswolke, die sich daraufhin bildete. Die Ausdehnung der sichtbaren Druckwelle, wie sie nur bei schweren Explosionen optisch nachweisbar ist, belief sich zuerst auf einen Kilometer. Die entstandene Explosionswolke veränderte in der folgenden Phase ständig ihre Farbe, es gab zahlreiche Lichteffekte und sie wurde schließlich blau. Zehn Sekunden nach dem Auftauchen der Explosionswolke wurden deren Ränder unscharf, wobei Zinsser vermerkte, daß die Druckwelle einen Teil der Wolke mit sich gerissen hatte. Die Ausdehnung der Druckwelle er-

faßte nach etwa 15 Sekunden ein Gebiet mit einem Durchmesser von nunmehr 9 000 m. Die Explosionswolke veränderte ihre Färbung in Richtung blau-violett und dehnte sich nun auch sehr schnell aus. Als die Druckwelle das Flugzeug Zinssers erreichte (er befand sich ja nach eigener Schätzung in einem Abstand von 12 bis 15 km), gab es entsprechende Turbulenzen, die ungefähr 10 Sekunden andauerten.
Zinsser kehrte daraufhin zurück nach Ludwigslust. Eine Stunde später startete er dort nochmals mit einer He-111, um wiederum in östliche Richtung zu fliegen. Kurz nach dem Start passierte er erneut die Zone seines seltsamen Erlebnisses, wobei er sich in einer Höhe von 3 000 bis 4 000 m befand. In dem betreffenden Gebiet stand nun eine große, pilzförmige Wolke (mushroom), die in eine Höhe von etwa 7 000 m reichte und sich genau über dem Areal befand, auf dem sich die eine Stunde zuvor beobachtete Explosion ereignet hatte. Beim Durchfliegen dieser Zone registrierte der Pilot starke elektrische Störungen. Während dieser Zeit brach auch die Funkverbindung zusammen, so als habe ein Blitz in die Kommunikationseinrichtung eingeschlagen. Zinsser gelangte unbeschadet aus dem Gebiet heraus und landete später im Raum Merseburg. – Alle Anzeichen deuten darauf hin, daß sich in dem von Zinsser be-

schriebenen Gebiet eine kleine Atomexplosion ereignete. Lichtblitz – Druckwelle – Explosionswolke, die sich ausdehnt und eine Pilzform bildet – elektromagnetische Störungen: das alles sind mehr als deutliche Hinweise auf etwas, was nach amerikanischer Experten-Einschätzung gar nicht existierte.

Captain Freiberger notierte abschließend, daß zum Zeitpunkt des Berichts nicht klar sei, wo sich die vom Augenzeugen beobachtete Explosion ereignet habe. Sicherlich hat man den Ort später identifizieren können. Dies ist auch anderen Personen und mir bereits gelungen. Aus Gründen noch laufender Recherchen soll diese Örtlichkeit aber hier im Augenblick noch nicht namentlich genannt werden.

Kurios bleibt, daß das mehrseitige Dokument überhaupt freigegeben wurde. Zufällig kann dies nicht geschehen sein, denn es befand sich als Doppel auch in einem britischen Archiv. Die Unterlagen wurden zeitgleich deklassifiziert, was zeigt, daß die Alliierten bei ihrer Freigabepolitik selbst nach über 50 Jahren noch gemeinsame Interesse verfolgen. Möglicherweise versucht man seit dem Beginn der neunziger Jahren eine Politik der kleinen Schritte zur Freigabe von brisanten Informationen gegenüber der Öffentlichkeit. Vielleicht ist man aber bei den zuständigen Stellen auch der

Meinung, daß nach Ablauf von über 5 Jahrzehnten die meisten Augenzeugen verstorben sind und es damit für Rechercheure unendlich schwer wird, weitergehende Informationen zu erlangen. Deshalb heißt es, die noch zur Verfügung stehende Zeit zu nutzen!
Zinssers Zeugenaussage gegenüber dem amerikanischen Militär wird vielen vielleicht ein Dorn im Auge sein, beschreibt sie doch etwas, was es nach landläufiger Auffassung gar nicht geben konnte – die Explosion einer deutschen Atomwaffe.
Vielleicht wird man seine Aussage durch solche plumpen »Argumente« wie Lüge und Verwechslung zu diskreditieren versuchen. Die zuständigen amerikanischen Behörden waren da allerdings ganz anderer Meinung. »Realisten« wiederum werden behaupten, daß die Explosion einer solchen Waffe in Deutschland eine Verstrahlung eines weiten Gebietes hätte hervorrufen müssen. Ja natürlich, insofern die Waffe so konstruiert war wie die Hiroshima- oder Nagasaki-Bombe ...
Was aber, wenn das von Zinsser beobachtete Schauspiel eine Bombe betraf, die vor allem durch Druck und Hitze primär zerstörerisch wirken sollte? Oder aber bei der die freiwerdende Radioaktivität minimal war und nur über eine kurze Zeit zu registrieren war – wie bei einer Neutronen-

bombe? Der Leser mag doch nicht glauben, daß alle Methoden der Herstellung einer Atomwaffe bisher offengelegt worden sind. Es handelt sich dabei schließlich nach wie vor um strategische Waffensysteme. Darüber können auch Bauanleitungen im Internet (»Wie bastle ich mir eine Atombombe?«) nicht hinwegtäuschen.
Der amerikanische Autor William R. Lyne behauptet in seinem Buch »Space Aliens from the Pentagon - Flying Saucers are Man-Made Electrical Machines« (2. durchgesehene und erweiterte Auflage, Book Crafters, Inc., Chelsea, Michigan, USA, 1995), das Deutschland bereits 1941 eine Neutronenbombe in der Libyschen Wüste getestet habe! Diese unglaublich klingende Behauptung hat eine Geschichte: Nach der Niederlage von Rommels Afrika Korps wurden einige der Gefangenen in die USA gebracht, nach Roswell, New Mexico. Beim Durchsuchen ihrer Habseligkeiten fand Militärpersonal bei einigen Deutschen etwas Seltsames: Postkarten, die eine Fotomontage zeigten, auf der New York durch eine pilzförmige Explosionswolke zerstört wurde. Der Kommandant des Gefangenen-Camps, Dave Dunn, der nach dem Krieg zur Union Oil Company of California ging, hob zwei dieser Postkarten als Souvenir auf, die später untersucht werden konnten. Das Ergebnis war eindeutig. Durch ein Overlay-Verfahren war

die Kulisse von New York mit der Explosion einer unbekannten Waffe zusammengefügt worden. William R. Lyne behauptet, daß Heisenberg an den Grundlagen dieser Waffe mitgearbeitet habe, später aber zu recht behaupten konnte, er habe keine Atombombe gebaut, weil er statt dessen eine Neutronenwaffe konstruierte. Lyne vermerkt weiter, daß bis heute nicht herausgefunden worden sei, wo diese Bombe technisch realisiert wurde. ...

Freilich stellt sich die Frage, warum diese Waffe nicht eingesetzt wurde, wenn sie denn fertig war. Darauf Antworten zu finden, ist außerordentlich schwierig. Doch Verrat und Sabotage waren überall – und zwar in einem Maße, das kaum vorstellbar erscheint. Das hatte die SS erkannt und sicherte deshalb ihr eigenes Atom(bomben)projekt bei Skoda in Prag durch einen dreifachen Sicherheitskordon ab, der durch Spezialeinheiten der Gestapo gebildet wurde. Die Alliierten bekamen von der Tatsache der Existenz einer solchen Abteilung zwar Kenntnis, es gelang ihnen jedoch nicht, irgendwelche Spitzel oder Spione einzuschleusen.

In zahlreichen Publikationen wird nach wie vor behauptet, daß die Darstellung seitens der deutschen Führung – vor allem gegen Kriegsende – die Fertigstellung von Siegeswaffen stünde kurz bevor, reine Propaganda gewesen sei, um der

deutschen Bevölkerung und der kämpfenden Truppe etwas vorzumachen und sie zum Durchhalten zu befähigen.
Ich wäre mit solchen die Wahrheit verzerrenden Argumentationen außerordentlich vorsichtig. Osenberg, der Chef des Planungsamtes beim Reichsforschungsrat, hatte ja schon angedeutet, daß sich eine Reihe von Waffensystemen in Entwicklungen befanden, die – hätte man ein halbes Jahr mehr Zeit gehabt – eine Wende hätten bringen können. Zweckoptimismus?
Hanns Schwarz, in der Zeit des Nationalsozialismus hoher Truppenführer und in der engsten Umgebung Hitlers tätig, behauptet in seinem Buch »Brennpunkt FHQ – Menschen und Maßstäbe im Führerhauptquartier« (Arndt-Verlag, Kiel 1998), daß gegen Kriegsende zahlreiche neue Waffen mit Fernwirkung kurz vor ihrer Einsatzbereitschaft standen. Ein Teil davon befand sich in der sogenannten »Festung Norwegen«. Dort waren Basen »... für die Fertigstellung der gewichtigsten Waffe, von der wir nur wußten, daß sie eine V-Waffe mit ungeahnter Reichweite war und ein ganz neues vernichtendes Sprengmittel bekommen sollte ...« Was wußte Schwarz, was wir nicht wissen und was uns möglicherweise von den Alliierten vorenthalten wird? (In diesem Zusammenhang stellt man sich unwillkürlich die Frage, ob die »Geister-

raketen«, die ab 1946 über Schweden auftauchen, etwas mit den Basen in Norwegen zu tun hatten. Erprobte man die vorgefundenen Systeme an Ort und Stelle?!) Schwarz führt auch die Behauptung, an der Atomwaffe sei nie gearbeitet worden, ad absurdum. Er behauptet, daß sie bis August 1945 einsatzbereit sein sollte. Wo arbeitete man an ihr? Welches Projekt war gemeint? War es das Projekt unter Heisenberg, vom dem ja alle behaupten, daß es gekippt wurde? War es das Projekt der Forschungsanstalt der Deutschen Reichspost unter Dr. Ohnesorge und mit Prof. Manfred von Ardenne (über das sich Hitler ursprünglich lustig gemacht hatte, weil er meinte, nun rede ihm schon die Post in strategische Entscheidungen hinein), war es das Projekt der später nach Stadtilm, Thüringen, ausgelagerten Wissenschaftler um Dr. Diebner? Oder war es das Projekt der SS, für das in letzter Konsequenz SS-Obergruppenführer Kammler mit seinem Forschungsstab verantwortlich zeichnete? Oder gab es da noch andere Gruppierungen, die namentlich nie aufgetaucht sind? Diese aufgeworfenen Fragen lassen sich nur teilweise beantworten. Die Teil-Antworten bekommt allerdings niemand auf dem Tablett serviert, man muß sich schon der Mühe eines eingehenderen Literaturstudiums unterziehen. Eine Antwort auf die Frage, wer die Bombe baute, erhalten wir bei

Henry Picker in seinem Buch »Hitlers Tischgespräche im Führerhauptquartier« (2. Auflage, Propyläen Taschenbuch bei Ullstein, Berlin 1997), das von der Züricher Zeitung »Die Weltwoche« »... als einzigartiges Dokument der Geschichtswissenschaft« bezeichnet wurde. Picker war 25jährig zum Vorsitzendes des Obersten Gerichts der Hitlerjugend berufen worden. Im März 1942 folgte sein Aufstieg zum Juristen des Führerhauptquartiers, eine Funktion, die ihn gleichzeitig zum ständigen Tischgast bei Hitler werden ließ. Aus dieser Position heraus erhielt Picker einen sehr intimen Einblick in die Geschehnisse dieser Zeit und in die Gedankenwelt Hitlers.
Henry Picker meint nun ebenfalls, daß der Krieg für die Alliierten fünf Minuten vor zwölf zu Ende ging. Seiner Meinung nach hätten sowohl die Interglobalrakete A9 als auch die „kleinkürbisgroßen" durchkonstruierten Uraniumbomben unmittelbar vor ihrer Einsatzreife gestanden. Beides verneint die etablierte Forschung. Picker weist deutlich daraufhin, wer die Uraniumbombe entwickelt habe: Nach Mitteilung Schaubs hätte das Lichterfelder Forschungsamt der Reichspost diese Waffe bis zur Prototyp-Reife gebracht. Es waren also jene Experten gewesen, die Hitler einige Jahre zuvor noch verlacht hatte, als Dr. Ohnesorge die Absicht geäußert hatte, eine solche Waffe für

das Reich entwickeln zu wollen!!! Bemerkenswerterweise ist über die Arbeit gerade dieser Gruppe zu diesem Waffensystem so gut wie nichts bekannt geworden. Wer allerdings jetzt immer noch behauptet, Deutschland habe nie an einer Atombombe gearbeitet, kann wohl nur als Ignorant bezeichnet werden. Die Wahrheit kennt eben keine Tabus ...

Übrigens, so Picker weiter, war die Serienfertigung dieser kleinen Atombomben »... in einem unterirdischen SS-Werk im Südharz (mit einer Produktionskapazität von 30 000 Arbeitskräften) ...« vorgesehen. »Das Werk wurde 1945 nach der bedingungslosen Kapitulation Deutschlands von der Roten Armee nach der UdSSR verlagert. Die gelegentliche Mitteilung des US-Präsidenten über die amerikanische Entwicklung einer Atombombe tat Stalin daher mit absolutem Desinteresse ab. Den deutschen Atom-Praktiker Manfred von Ardenne aber zeichnete er mit dem damaligen sowjetischen ›Nobel-Preis‹, dem ›Stalinpreis‹ aus.« – Manfred von Ardenne war der Forschungsanstalt der Deutschen Reichspost und ihrem Leiter Dr. Ohnesorge unterstellt.

Picker erwähnte bei anderer Gelegenheit (S. 531), daß »... tatsächlich ein Prototyp der deutschen ›Uranium-Bombe‹ konstruktionsreif entwickelt wurde.« Bei Besuchen der Reichspost-Forschungs-

anstalt in Berlin-Lichterfelde und Klein-Machnow durch Hitler hatte Dr. Ohnesorge aus diesem Grunde für größte Geheimhaltung gesorgt. Nicht einmal der Hitler begleitende Militär-Adjutant Engel durfte die Forschungsanlagen mitbesichtigen ...

Zunnecks Informationen, die hier auszugsweise wiedergegeben worden sind, offenbaren eine intensive Beschäftigung mit der Thematik, zeigen aber auch Details auf, die bisher nicht im richtigen Zusammenhang gesehen worden sind, obwohl sie längst veröffentlicht wurden!

Der Merkwürdigkeiten gibt es aber noch mehr. Der Leser wird sich erinnern, daß ich weiter vorn auf den Umstand einging, daß die erste Atombombe der USA mehr angereichertes Uran enthielt, als sie eigentlich – laut den Einschätzungen der Produktionskennziffern – hätte haben dürfen. Selbst amerikanische Forscher, wie der schon zitierte Carter Hydrick, glauben mittlerweile, daß die Differenz durch deutsche Vorräte ausgeglichen wurde.

Dieser Eindruck wird zusätzlich durch einige Umstände verstärkt, die mit der Existenz mindestens einer weiteren US-amerikanischen Atombombe zusammenhängen, wobei unklar ist, woher die dafür notwendigen Grundprodukte genommen wurden.

Erinnern wir uns: Offiziell brachten die USA drei Kernwaffen zur Explosion. Eine Testbombe explodierte auf einem Versuchsfeld in den USA, die anderen beiden detonierten über Hiroshima und Nagasaki.
In dem Buch „Kamikaze“ von Raymond Lamont-Brown (1997) behauptet nun der Autor, daß sich eine weitere Bombe auf dem Weg nach Japan befand, die die Hafenstadt Niigata zerstören sollte. Diese wurde mit dem schweren Kreuzer „Indianapolis“ (CA-35) transportiert, der allerdings am 29. Juli 1945 bei Mare Island versenkt wurde. Lamont-Brown berichtet weiter, daß die zuständigen US-Behörden diesen Bericht nicht bestätigten, Präsident Truman in seinen Lebenserinnerungen die Geschichte allerdings als wahr bezeichnete.
Mithin stellt sich die Frage nach dem „Woher“ dieses Kernsprengsatzes ...

Die Nürnberger Prozesse

Viele Seltsamkeiten in bezug auf die deutsche Atomforschung sind längst veröffentlicht worden. Man muß sich nur der Mühe unterziehen, diese Informationen zu recherchieren und wie ein großes Puzzle Stück für Stück zusammenzusetzen. Einige der Puzzle-Steinchen finden sich auch bei den Nürnberger Prozessen. Ich möchte einen Passus aus diesen Prozessen im Original wiedergeben:

„... JACKSON: Now, I have certain information, which was placed in my hands, of an experiment which was carried out near Auschwitz and I would like to ask you if you heard about it or knew about it.

The purpose of the experiment was to find a quick and complete way of destroying people without the delay and trouble of shooting and gassing and burning, as it had been carried out, and this is the experiment, as I am advised.

A village, a small village was provisionally erected, with temporary structures, and in it approximately 20,000 Jews were put. By means of this newly invented weapon of destruction, these 20,000 people were eradicated almost instantaneously, and in such a way that there was no trace left of them; that it developed, the explosive

developed, temperatures of from 400 degrees to 500 degrees centigrade and destroyed them without leaving any trace at all.
Do you know about that experiment?
SPEER: No, and I consider it utterly improbable. If we had had such a weapon under preparation, I should have known about it. But we did not have such a weapon. It is clear that in chemical warfare attempts were made on both sides to carry out research on all the weapons one could think of, because one did not know which party would start chemical warfare first ...“
Die freie Übersetzung:
JACKSON: „... Ich habe Informationen über ein Experiment, welches in der Nähe von Auschwitz stattgefunden haben soll, und ich möchte wissen, ob sie etwas davon gehört haben.
Der Zweck des Experiments war, einen schnellen und möglichst unkomplizierten Weg zu finden, um Menschen zu vernichten, ohne die Umstände, die durch Erschießen, Vergasen und Verbrennen entstanden.
Wie mir gesagt wurde, soll sich das Experiment so abgespielt haben:
Eine kleine Stadt wurde provisorisch errichtet, mit einfachen Gebäuden, in die etwa 20.000 Juden eingewiesen wurden. Durch die Zündung der neuen Waffe wurden diese Juden sozusagen au-

genblicklich durch die extreme Hitze ausgelöscht, in einer Weise, daß keinerlei Spuren mehr von ihnen vorhanden waren.
Haben sie von solchen Experimenten gehört ..?"
SPEER: „... Nein ... wenn wir solch eine Waffe entwickelt hätten, müßte ich davon gehört haben ... Beide Seiten haben an der Entwicklung chemischer Kampfstoffe gearbeitet, weil keiner wußte, welche Waffe der andere einsetzt ..."
Jackson war der amerikanische Chefankläger während der Nürnberger Prozesse.
Nun ist diese „Geschichte" zugegebenermaßen sicher sehr abenteuerlich. Da wird eine ganze Stadt aufgebaut, „nur" um 20.000 Menschen zu ermorden, und dies mit einer Waffe, mit der wohl nur eine atomare gemeint sein kann ...
In entsprechenden Publikationen, welche die Theorie einer existenten deutschen A-Waffe ablehnen, wird das Ganze als schlüssiger Beweis gegen diese Theorie angesehen. *Aber nur,* weil Speer behauptet, er habe wissen müssen, wenn es solche Waffen gab, und da er es nicht wußte, könne es auch keine gegeben haben ... Und, so Speer weiter, weil er glaubte, daß die deutschen Geheimwaffen ein Hirngespinst waren, geschaffen, um den Durchhaltewillen zu stärken.
Nun ist dies sicherlich eine mehr als blauäugige Ansicht, und ein Beweis ist es schon gar nicht.

Allerdings fällt auf, daß hier eine Beziehung Juden – Atombombe gebildet wird. Genaugenommen heißt das aber SS – Atombombe.
Und so sind wir wieder bei der schon geäußerten Vermutung: Daß nämlich die treibende Kraft von geheimen Nuklearforschungen gar nicht so sehr die bekannten Namen wie Heisenberg, von Weizsäcker usw. usf. waren, sondern daß die SS diese Forschungen finanzierte und wohl auch teilweise selbständig betrieb.
Eine makabre Vorstellung, aber vielleicht fand solcherlei Forschung nur deshalb statt, weil man dachte, ein ultimatives „Mittel" zur Endlösung gefunden zu haben. (In diesem Zusammenhang wäre es interessant zu wissen, ob schon einmal jemand den Versuch gemacht hat, das Gebiet um Auschwitz auf radioaktive Verstrahlung zu untersuchen).
Mir jedenfalls fällt es schwer zu glauben, Chefankläger Jackson habe sich diese Story sozusagen aus den „Fingern gesogen".
Die Aussage Albert Speers, es habe keine A-Waffe gegeben, erscheint auch deshalb fragwürdig, weil Hitler anderes sagte.
Am 5. August 1944 erwähnte er bei einem Gespräch mit Keitel, Ribbentrop und Antonescu „Deutschlands letzte Fortschritte auf dem Gebiet völlig neuartiger Sprengstoffe, die sich nunmehr

im Experimentierstadium befinden", und daß „dieser Fortschritt der größte sei seit Entwicklung des Schießpulvers".[11]

Etwas mehr als ein halbes Jahr zuvor, im November 1943, hatte Hitler bereits ausgeführt:

„... Die Herren mögen es glauben oder nicht, aber die Stunde der Vergeltung wird kommen. Wenn wir *im Augenblick* auch Amerika nicht erreichen können, so liegt uns doch, Gottseidank, ein Staat greifbar nahe, und an den werden wir uns halten ...".[12] [Hervorhebung durch den Autor]

Nach Picker[13] plante Hitler für die zweite Stufe der Amerika-Rakete (also für die A9) auch die Verwendung von einem Sprengkopf, der mit mehreren kleinen Uranium-Bomben bestückt war.

Wie man sieht, kann die Behauptung, es habe kein Interesse an der Entwicklung einer Fernwaffe bzw. einer Nuklearwaffe im Dritten Reich gegeben, erheblich angezweifelt werden. Die von Hitler gemachten Äußerungen, in denen er scheinbar ablehnend in bezug auf den Einsatz einer Atomwaffe reagierte, konnten spontanen Gefühlsregungen entsprungen sein, welche er unmittelbar darauf in seiner Eigenschaft als Führer des Reiches revidierte. Vielleicht dienten „ablehnende" Entscheidungen aber auch nur dem einfachen Zweck, die gegnerische Aufklärung zu verwirren und zu täuschen.

Bemerkenswert ist auch ein weiterer Sachverhalt: Obwohl ja angeblich nach offizieller Lesart auf dem Gebiet der Atomphysik nur wenig geforscht wurde, und genauso angeblich kein Geld zur Verfügung stand, machten selbst Privatleute erstaunliche Entdeckungen auf diesem Gebiet. So etwa der bereits erwähnte Baron Manfred von Ardenne, der für die Reichspost arbeitete und von dem, bei genauer Betrachtung, eigentlich seltsam wenig bekannt ist.
Der bekannte britische Historiker David Irving schreibt über ihn:
„... Am weitest fortgeschritten in der Erforschung der Isotopentrennung war 1944 Baron von Ardenne in seinem Labor in Berlin-Lichterfelde. Von Ardenne baute mit privaten Mitteln (!) eine elektromagnetische Isotopentrennung ... nach dem Prinzip, daß elektrisch geladene Teilchen ... auf verschiedenen Spuren durch ein elektromagnetisches Feld ziehen. ... Er wollte eine Plasma-Ionen-Quelle benutzen ... Sein Prinzip weist große Ähnlichkeit mit den in Oak Ridge angewandten Geräten auf, mit denen spaltbares Material gewonnen wird. Die „Ionen-Quelle" von Ardenne war aber wesentlich besser. Sie wird heute in der modernen Plasmaphysik als „Von Ardenne-Quelle" bezeichnet."[14]
Das ist wirklich beeindruckend – der Forscher,

über den man am wenigsten hört, baut mit privaten Mitteln eine Anlagen zur Isotopentrennung, die besser war als die amerikanische.
Und tauchen bei Ardennes Projekt nicht Begriffe auf, die heute, wenn auch in etwas abgewandelter Form, immer wieder für den Truppenübungsplatz diskutiert werden? Ist nicht auch dort von elektromagnetischen Feldern und Plasma-Beobachtungen immer wieder die Rede?
Nicht zu vergessen ist, daß Manfred von Ardenne nach dem Zweiten Weltkrieg maßgeblich an der Entwicklung der sowjetischen Atomwaffe beteiligt war und dafür den Stalin-Preis erhielt!
Eines wird jedenfalls klar: Die „Amerika-Rakete" und ein „nichtkonventioneller" Sprengkopf gehören zusammen. Doch wie sah die A9/10 aus, wie war sie konzipiert?

Die A9/10

Nachfolgend soll nochmals auf Technik und Entwicklung dieser Interkontinentalrakete, die nach offizieller Darstellung entweder nur auf dem Reißbrett bzw. als Windkanalmodell fertig wurde, eingegangen werden.
Als Rudolph Nebel im Herbst 1930 im Rahmen seines Werbefeldzuges für das Reinickendorfer Versuchsgelände Henry Ford (!) zur Besichtigung eingeladen hatte, schickte dieser an seiner Stelle die bekannte Journalistin Lady Drummont-Hay nach Deutschland. Sie faßte ihre Eindrücke nach der Reise folgendermaßen zusammen:
„Als ich diesen Raketenflugplatz in Berlin wieder verließ, da wußte ich, daß diese jungen Enthusiasten die Waffen vorbereiteten, mit denen sie uns in Amerika eines Tages über den Atlantik hinweg treffen werden."
Wohl nur die wenigsten Leser dieser Zeilen konnten ahnen, wie sehr Lady Drummont-Hay mit dieser Befürchtung der Wahrheit nahe kommen sollte. Schon 1939 gab Walter Dornberger, der deutsche Raketengeneral, bekannt, daß Peenemünde in der Lage sei, Raketen zu bauen, mit denen New York von Westeuropa aus beschossen werden könne. Bei dem damaligen Entwicklungsstand konnten derartige Entfernungen nur unter

Zuhilfenahme des sogenannten Stufenprinzips bewältigt werden.
Ein erster Planungsentwurf vom 29. Juli 1940, der durch Ingenieur Graupe vorgelegt wurde, sah deshalb den Bau einer zweistufigen Interkontinentalrakete vor.
Am 18. Dezember 1941 schlug der Triebwerksfachmann Dr. Thiel den Bau eines Großtriebwerks für diese Rakete vor, das aus sechs gebündelten 30-t-Aggregaten in sternförmiger Anordnung bestand und einen Schub von 180 t leisten sollte.
Für spätere Versionen sah die Planung dann ein Einkammertriebwerk der gleichen Leistung vor. Die weitere Arbeit an diesem Projekt mußte schließlich zugunsten der Entwicklung der A4 eingestellt werden.
Erst im Jahr 1943 konnten die Pläne wieder aufgenommen werden. Nun entschied man sich, als zweite Stufe der Interkontinentalrakete die geflügelte A9 zu verwenden.
Als Startstufe wurde die A10 projektiert, die bei einer Länge von 20 m und einem Durchmesser von 4,15 m ein Gesamtgewicht von 87 t (davon 62 t Treibstoff) haben sollte. Die gesamte A9/A10-Kombination hätte damit ein Gewicht von 100 t und eine Länge von 34,20 m gehabt. Das Triebwerk der A10 sollte einen Schub von 200.000 kp abgeben und die A9/A10 innerhalb von einer Mi-

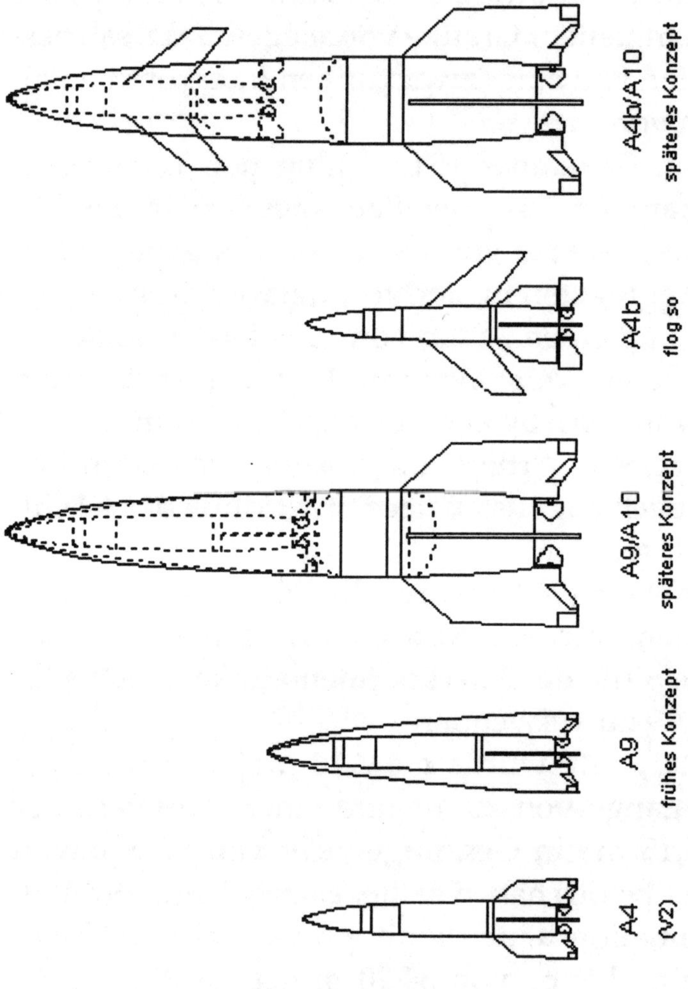

Abb. 7: Skizzen der A4 bis hin zur A10.

nute auf 180 km Höhe bringen und das Gespann auf 4320 km/h beschleunigen.
Nach Brennschluß sollte dann die im Bug der A10 untergebrachte A9 zünden, während die A10 an einem 2500 Quadratmeter großen Fallschirm zur erneuten Verwendung auf die Erde zurückfiel. Die A9 beschleunigte nach der Trennung auf 11.000 km/h. Nach Erreichen der Gipfelhöhe, die bei 350 km lag, sollte sie der anschließend vorgesehene Gleitflug über eine Entfernung von 4800 bis 5000 km führen.
Kaum bekannt ist, daß sogar Überlegungen für den Bau einer dreistufigen Interkontinentalrakete angestellt wurden. Als Startstufe sollte hier eine als A11 bezeichnete Rakete mit immerhin 1700 t (!) Schub dienen, auf der sich die A10 als zweite und die A9 als dritte Stufe befanden. Während die zweistufige A9/A 10 aber noch auf den Reißbrettern erschien und schon in technischen Details durchgerechnet worden war, kam die dreistufige A9/A 10/A 11 nicht mehr über das Stadium eines wissenschaftlichen Denkmodells hinaus.[15]
Übrigens wurden deutsche Geheimwaffen eigentlich nur zweimal in der Nachkriegszeit zum „Thema“; einmal in genau dieser, nämlich Ende der vierziger Jahre, und dann wieder in den Sechzigern. Es gibt hinreichend Erklärungsversuche für dieses Phänomen: Kalter Krieg, Profilierungs-

bedürfnisse und anderes mehr. Der Grund ist sowieso eher nebensächlich, nicht aber, daß man heute den damals erschienenen Artikeln und Berichten jede Glaubwürdigkeit abspricht. Man beruft sich dabei unter anderem darauf, gerade in der Nachkriegszeit wäre ein zutreffender Bericht von deutscher Seite gar nicht möglich gewesen, da die Pläne während des Krieges streng geheim, und nach dem Kriege in Amerika unter Verschluß waren.
Das entspricht nun aber absolut nicht den Fakten. Als Beispiel sollen hier Ausschnitte eines Artikels der „Weltwoche" vom 14.5.1948[16] dienen, der fast vollständig oben angeführte Zahlen wiedergibt:
„... Die V-2-Rakete ist nicht eine ballistische Kuriosität, sondern eine technische Leistung, die sowohl durch die Einfachheit ihres Antriebes (mit Alkohol und flüssigem Sauerstoff), als auch durch die Genauigkeit ihrer Ziel- und Steuereinrichtung überrascht. Die Reichweite dieser Rakete beträgt im allgemeinen ein Zehntel des Quadrats ihrer Anfangsgeschwindigkeit, also 100 km bei einer Anfangsgeschwindigkeit von 1000 m pro Sekunde, 400 km bei 20000 m/sek und 900 km bei 3000 m/sek.
Eine gefährliche Kombination bildet die amphibische V-2-Rakete in Verbindung mit der A9-Rakete. Die letztere ist eigentlich ein Raketenbündel,

bestehend aus zwei, drei oder mehr Einheiten, die nacheinander funktionieren; jede Einheit löst sich von den folgenden, sobald Ihre Triebkraft erschöpft ist.
Nur die letzte Einheit trägt die Explosivladung. Die relativ kurze Zeit, die der Motor der V-2-Rakete läuft (50 Sekunden) begrenzt ihre Reichweite.
Durch Anbringung kleiner Flügel hatten die Deutschen den Aktionsradius der V-2 auf 500 km und die Flugdauer auf eine Viertelstunde erhöht. Aber trotzdem blieben bei der V-2 die erreichbare Flughöhe und die Endgeschwindigkeit am Ziel unbefriedigend.
Die A9-Rakete besteht aus mindestens zwei Einheiten, so daß, wenn der Treibstoff der Mutterrakete erschöpft ist, die Tochterrakete aus eigener Kraft ihre Bahn fortsetzen kann. Erreichte die Mutterrakete eine Spitzengeschwindigkeit von 1500 m/sek, so kommt die Tochterrakete auf 3500 m/sek und eine Flughöhe von 300 km ... Bei einer mittleren Geschwindigkeit von 7500 km/h müßte der Flug Europa – Amerika etwa 40 Minuten dauern ...".
Letztlich macht denn auch der schon in meinem ersten Buch „1945 – Thüringens Manhattan Project" (S. 164) abgedruckte deutsche Zielplan für den New Yorker Stadtteil Manhattan Sinn. Ver-

gleicht man ihn mit einem „modernen" Zerstörungsmodell durch Nuklearwaffen, so ist die Übereinstimmung wirklich frappierend.

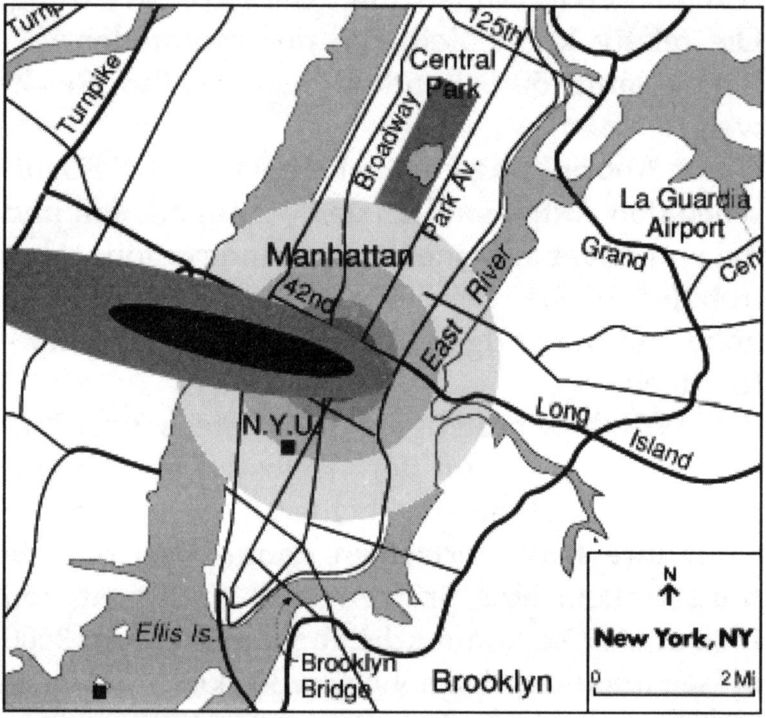

Abb. 8: Zerstörungsradius einer heutigen A-Waffe.

Hitler und die Forschung

Als Argument gegen bestimmte unbequeme Annahmen wird immer wieder die Feststellung bemüht, Hitler habe dieses und jenes Projekt abgelehnt, und aus dieser Ablehnung heraus seien bestimmte Entwicklungen eben gar nicht möglich gewesen. Eine Forschung an einer atomaren Waffe etwa, weil Hitler hieran kein Interesse hatte. Ebenso soll er eine verstärkte Raketenforschung abgelehnt haben, da dies ebenfalls kein Thema für ihn war.

Diese „Argumentation“ widerspricht sich selbst. Sehen wir uns beispielsweise die deutsche Raketenforschung an. Immer wieder wird darauf hingewiesen, daß Adolf Hitlers Entscheidungen in bezug auf das Raketenprogramm ausgesprochen sprunghaft waren. Heute großer Förderer, morgen eine Fast-Einstellung der Forschung. Solcherart Gesinnungswandel kam scheinbar häufiger vor. Selbst wenn dem wirklich so war: Warum hätte man dann die Forschungen ganz einstellen sollen? Es war doch davon auszugehen, daß ohnehin bald wieder grünes Licht gegeben würde! Selbst die Hitlersche Sporadität ließ doch eine gewisse Kontinuität nicht vermissen.

Hitler wird dargestellt, als habe er immer über alles und jedes Bescheid gewußt, sich jegliche Ent-

scheidung vorbehalten, und es habe keinerlei Widerspruchsmöglichkeit gegeben. Dies kann aber so nicht richtig sein.
Viele Wissenschaftler haben spitzbübische Tricks angewandt, um Hitler bzw. die Verwaltung zu überlisten. So wurde beispielsweise das Projekt „Feuerlilie“ auch als Flugabwehrrakete konzipiert, wodurch man zusätzliche Mittel erhalten konnte.
Sicherlich wurden Anordnungen Hitlers, wie der Befehl zur Drosselung der V2-Produktion 1944, durchgeführt. Forschung allerdings war weder durch einen „Befehl“ noch durch angeblich fehlende finanzielle Mittel zu verhindern.
Auch sind alle überlieferten Entscheidungen Hitlers in bezug auf das Raketen- und V-Waffenprogramm mit Vorsicht zu genießen, ebenso wie die von ihm gemachten Äußerungen. Hitler selber hatte von Technik und der Funktion einer Rakete überhaupt keine Ahnung.
Allein schon deswegen mußte er sich auf die Berichte etwa Wernher von Brauns oder anderer Wissenschaftler verlassen. Dies wird nun als weiteres „Argument“ genutzt; mangels solcherart technischen Verständnisses habe Hitler bestimmte Projekte eingestellt ...
Aber war es denn überhaupt wichtig, ob er die Technik verstand? Es genügte doch wohl zu wis-

sen, daß da „ein Ding“ gebaut werden könnte, daß nach Amerika fliegt und explodiert. Ob er da nicht doch angesichts solcher Schilderungen sofort „Ja“ gesagt hätte?
Falls ich mir alles ins Gedächtnis rufe, was bekannt ist über die Geschichte dieser Zeit, dann wird klar, daß Hitler wie gesagt unmöglich über alles und jedes Bescheid wissen konnte. Albert Speer hatte Verantwortung übernommen, Kammler, Degenkolb, Saur und unzählige andere. Es ist bekannt, daß es im Dritten Reich einen untereinander stattfinden Konkurrenzkampf bis aufs Messer gab. Bei technologischen Entwicklungen für den Kriegseinsatz lief vieles aus dem Ruder, weshalb man noch 1944 begann, ein Planungsamt beim Reichsforschungsrat einzurichten. Und da glaubt man, alle Ergebnisse geheimer Forschungen wären jederzeit freizügig untereinander ausgetauscht worden? Welch ein Witz!
Wie das Beispiel Manfred von Ardenne zeigt, waren Forschungserfolge auch ohne riesige finanzielle Aufwendungen möglich. Ein weiterer Teil an Forschung wurde durch die Industrie selbst getätigt, teilweise gefördert durch die SS. Es ist zudem hinreichend bekannt, daß die SS darüber hinaus einen eigenen Konzern besaß, der auf verschiedenen, vor allem aber industriellen Gebieten tätig wurde.

Ist es dann undenkbar, daß die SS insbesondere mit Hochtechnologie verbundene und strategisch wichtige Forschung betrieb? Immerhin verfügte man über beträchtliche Finanzmittel, und wie die Verhaftung Wernher von Brauns zeigte, war man sehr daran interessiert, bei bestimmten fortschrittlichen Waffen das alleinige Sagen zu haben. Es wäre auch leicht verständlich, wieso solcherart Entwicklungsarbeit lieber im Geheimen stattfand: Sollte sich herausstellen, daß das betreffende Projekt ein Mißerfolg war, so verlöre man nicht das Gesicht – ein wichtiger Aspekt für die „deutsche Elite“. So war es wohl auch im Falle der SS-Forschungslabors bei den Skoda-Werken, über die ja bis heute so gut wie nichts bekannt ist, weil die relevanten Informationen nach wie vor unter Verschluß liegen.

Tatsächlich sind eine Unmenge Fragen offen, die bis heute nicht hinreichend erklärt werden. Dazu gehören beispielsweise:

Wenn die Forschung an der A9/10 kurz nach Kriegsbeginn angeblich eingestellt wurde, wieso zieht sich ihre Spur bis zum Kriegsende? Wieso kommen nach dem Krieg aus den USA Ersatzteilanforderungen für A9/10, nach denen man in Deutschland Ausschau halten soll?

Falls kein Interesse an deutscher Atomforschung bzw. einer Atombombe bestand, wieso erwähnen dann Hitler und andere sie immer wieder bis zum Kriegsende? Gerade Hitler, der ein Anhänger von Explosivwaffen war, müßte doch an solch einer gewaltigen Zerstörungskraft, die er mit einem Sprengkopf erreichen konnte, die reine Freude gehabt haben.

Hitler selbst wollte die Interkontinentalrakete bis Anfang 1945 einsatzfertig haben. Bereits am 28. August 1942 hatte er sich an der Vorstellung, New York zu bombardieren, berauscht:

„Gegen die Bomben sind Hochhäuser sicher, nicht aber gegen den Luftdruck. Ein normaler Wind bewegt einen Wolkenkratzer bereits um 40, 60, 80 Zentimeter. Wenn da plötzlich ein Stoß kommt! In New York sind die Grundstützen bereits 60, 70 Meter tief ... Ein Bombenangriff, wie wir ihn auf London gemacht haben, auf New York würde verheerend wirken, eine Katastrophe! Man könnte den Schutt nicht mehr wegräumen. Luftschutzkeller kann man da nicht bauen."

Insofern die Behauptung stimmt, daß in Deutschland weder Geld noch Interesse vorhanden war, um Siegeswaffen zu schaffen, wie wurden dann die Unmengen an neuen Waffensystemen entwickelt?

Die Liste der während des Zweiten Weltkriegs von deutscher Seite entwickelten neuartigen Waffen ist lang und ein Vergleich erstaunlich:

Deutschland	Alliierte
U-Boot-Waffe	Nichts vergleichbares
Panzer Königstiger u.ä.	Nichts vergleichbares
V1 und V2	Nicht vorhanden
Flugabwehrraketen	Nicht vorhanden
Gelenkte Bomben (gegen Schiffe etc.)	Nicht vorhanden
diverse Düsenjäger	Nichts vergleichbares

In bezug auf neuartige Kriegstechnologie auf alliierter Seite bleibt da nicht allzuviel. So gut wie alle gravierend technischen Weiterentwicklungen direkt nach dem Krieg basierten zumindest auf deutscher Grundlagenforschung. Beginnend bei den ersten amerikanischen Düsenjets bis hin zu den Apollo-Mondlandungen wurden Erkentnisse deutscher Techniker und Wissenschaftler benutzt. Will man provokant sein, kann man sogar behaupten, daß das streng geheime US-amerikanische Auroraprojekt, das heute in den Schlagzeilen ist und in Verbindung mit Area-51 (auch Dreamland genannt) steht, ursprünglich auf deutsche Entwicklungen zurückgeht. Bei der „Aurora" soll es sich um einen Hochgeschwindigkeits-Höhenaufklärer handeln, der bisher zwar noch nicht fotografiert werden konnte, von dem aber bekannt ist, daß sein Antriebsstrahl Strukturen hinterläßt,

die auf einen Pulsantrieb hindeuten. Genau diesen hatte erstmals eine deutsche V1 ...
Auch die ersten Nurflügler, die kurz nach dem Krieg von amerikanischen Basen abhoben, bauten auf deutschen Entwürfen auf. Zwar hatten die Amerikaner Nurflügelflugzeuge in eigener Erprobung, doch schien es ihnen lukrativer und sinnvoller, die zu Kriegsende vorgefundenen Beutestücke auf eigenes Territorium zu bringen und dort nachzuschauen, wie es die „Krauts" gemacht hatten. Das dokumentiert auch das Beispiel der V1. Man war während des Krieges nicht in der Lage, auch nur ansatzweise etwas wie diesen deutschen Marschflugkörper zu entwickeln. Statt dessen mußte man die V1 mühsam anhand blindgegangener Exemplare nachbauen.
Wie man sieht: deutsche Neuerungen und Erfindungen während des Krieges überall, und das trotz Rohstoffmangel, Sabotage, Bombardierungen, Geldmangel und was es sonst noch an Schwierigkeiten gab.
Ausgerechnet die Erfindung aber, welche die Welt verändern sollte, nämlich die Atomwaffe, wird in den USA gemacht – und das, obwohl die deutschen Nuklearphysiker, selbst der etablierten Geschichtsschreibung zufolge, lange Zeit über einen Forschungsvorsprung verfügten. *Sagt einem nicht die Logik, daß das irgendwo nicht stimmen kann?*

SS und Industrie in der Forschung

Den Umstand, daß Hitler, bis auf Ausnahmen, keinen umfassenden Überblick über die technische Forschung und ihr jeweiliges Entwicklungsstadium gehabt hat, könnten sich sowohl Industrie als auch SS zunutze gemacht haben.
Der Konkurrenzdruck war überall hoch; die SS wollte einen eigenen Staat und die Industrie konkurrierte untereinander. Sie verdiente ohnehin gut am Krieg. Ein großer Teil der durch Bombardierungen entstehenden Verluste wurde vom Staat wieder ausgeglichen.
Eine Verlängerung des Krieges war dienlich, ein Sieg allemal, hätte er doch noch größeren Profit versprochen.
Somit erklärt sich vielleicht auch der Eifer, mit dem gerade an wichtigen Forschungsprojekten im Bereich Rüstung gearbeitet wurde, wie etwa den Flugabwehrraketen oder neuartigen Düsenjägern.
Nicht nur der gute Verdienst für Mitarbeiter mag ausschlaggebend gewesen sein, sondern – wie bereits gesagt – auch die Aussicht auf noch mehr Profit bei einem Sieg, was für die Vorstandsetagen eine große Rolle spielte.
Selbst bei einer deutschen Niederlage war abseh-

bar, daß die Industriebosse nicht „am Hungertuch nagen müßten".
Die SS verfügte über immense finanzielle Rücklagen, gebildet unter anderem aus den „Einnahmen" ihrer Konzentrationslager und dem Geld der unzähligen Inhaftierten.
Daß diese beiden Parteien – also Industrie und SS – miteinander, aber auch getrennt, forschten, ist mittlerweile hinreichend bekannt. So ist der Begriff der „Skoda-Werke" in bezug auf Hochtechnologieforschung schon seit einigen Jahren kein Geheimnis mehr. Woran man aber forschte, das ist allerdings immer noch ein Rätsel. Das meiste geistert als Gerücht durch die Welt und läßt sich selten quellenmäßig nachweisen. Nur für die altbekannte „Geheimwaffenforschung" gibt es einige Unterlagen.
Die angesprochene SS-Forschung im Bereich hochenergetischer Waffen etwa ist, wenn sie denn wirklich stattgefunden hat, mit Sicherheit ein Bereich, der auch heute noch unter die Geheimhaltung fallen würde.
Charles W. Stone, ein amerikanischer Wissenschaftler und Journalist, geht davon aus, daß dieser „Particle Beam", also eine Art Strahlenwaffe, die ihr Ziel komplett in Atome zerlegt, zumindest im Testversuch einsatzbereit war.
Wie er mir in einem persönlichen Gespräch sagte,

konnte er Belege dafür zutage fördern, daß in einem Labor der IG Farben solch ein „Beam" aufgebaut war, welcher als Versuchstiere fungierende Ratten auf einige Entfernung völlig vaporisierte.
Seiner Meinung nach hängt diese Strahlenforschung ursächlich mit der deutschen Atomforschung zusammen, und genau dies sei unter anderem der Grund, daß die amerikanischen Archive in bestimmten Bereichen der deutschen Nukleartechnik so wenig oder gar nichts hergeben.
Stone will auch Beweise haben, daß bei Stadtilm eine SS-Forschungseinrichtung existierte, in der sich ein voll funktionstüchtiges und in Betrieb befindliches Betatron befand. Ist diese Anlage vielleicht der der Schlüssel für den Bereich Ohrdruf? Die Dokumente, die Stone mir zukommen ließ, sind jedenfalls recht beeindruckend.
Ein deutscher Kriegsgefangener, R. Schnettler, hatte ausgesagt, daß in einer geheimen Einrichtung der Industrie in der Nähe Ludwigshafens hochtechnologische Forschung betrieben wurde. Im einzelnen sagt der Bericht:
„Diese Anlage bestand in der Hauptsache aus einem großen, komplizierten kerntechnischen Apparat, sowie 4 sogenannten ‚Sprühpolen' (positiv), und 1 ‚Fangpol'. Diese waren ca. 6 Meter

S E C R E T

PW INTELLIGENCE BULLETIN No 2/32

12. Atom-Smashing Experiments (Continued)

New Location? On 12 Nov 44, some three and a half months after his induction, PW returned from SCHWETZINGEN to the Station. At that time PW went to the kitchen and spoke to some of his old friends, making a date for the following Sunday with an old girl friend from the office. When he returned on 19 Nov the main guard at the gate told him that the station had moved. The girl did not appear for the date. PW doubts that the station could have been moved at such a short notice and has no explanation for the statement of the guard. PW noticed that the sidewalk around the first building was torn up and remembers the guard vaguely mentioned FREIBURG/Breisgau as a possible new location.

Experiments. The experiments i volved a large, elaborate atom-smashing apparatus, the main features of which were four "Spruehpole" (positive) and one "Fangpol" (negative), each about 6 m high. Liberated protons were conveyed through a quartz tube to the Spruehpole, from which they were "fired" at an object placed on a quartz plate up to 800 m distant. This resulted, according to PW, in the complete disintegration of the object.

The first two experiments of this kind which PW witnessed took place in Dec 43 and Jan 44. In one, a 10 cm cube of steel (grade ST0012) was disintegrated within four-tenths of a second. The object in the second experiment was water, contained in a large quartz tube, tilted so that the "rays" would strike the largest possible surface. The water disappeared in two-tenths of a second.

The most spectacular experiment was conducted early April 1944, when some 75 rats were made to disappear in the same way. The experiment was photographed from the quartz-enclosed observation tower, and PW claims there was no trace of smoke or flame, nor did any ashes remain on the iron plate. His explanation of this apparent violation of the laws of physics is that the rats were somehow reduced to a gas, which was absorbed by the iron plate.

PW's Evaluation. PW doubts that the principle involved in the experiments described above could be adapted to military use in less than two years. The apparatus is extremely complicated and far too large and cumbersome to be moved readily. However, he concedes the possibility that during the eight months which have elapsed since he witnessed the experiments, further progress may have been made.

Personalities. The following men were connected with the experiments at HEIDELBERG:

FISCHER, Ewald	Ing
ETELFSEN	Dipl Ing
RAITHEL	Dipl Ing

(Source: ROB Karl SCHNETTLER, 352 Inf Div)

Abb. 9: Deklasifiziertes Dokument, das über den „Particle Beam" berichtet.

hoch. Protonen, die in dem Apparat erzeugt wurden, schickte man durch eine Quarzröhre. In einer Entfernung von bis zu 800 Metern war eine Platte aus Quarz aufgestellt, auf der sich das Testobjekt befand. Die Protonen wurden dann auf das Zielobjekt geschossen.
Die ersten beiden Experimente fanden im Dezember 1943 und Januar 1944 statt.
Im ersten wurde ein 10 x 10 cm großer Stahlwürfel aufgelöst, im zweiten Versuch 75 Ratten.
Die Versuchsobjekte wurden vollständig desintegriert, nicht einfach verbrannt oder geschmolzen."
An diesen Experimenten sollen die Ingenieure Raithel, Fischer und Etelfsen beteiligt gewesen sein.

Beschreibung des Jonastals

Die Leser, welche bereits mein erstes Buch kennen, mögen mir verzeihen, wenn ich an dieser Stelle nochmals einen – zumindest – groben Überblick über das Jonastal und dessen Umgebung liefere. Doch möchte ich auch dem „Neueinsteiger" einige wichtige Anhaltspunkte vermitteln, damit dieser einige in diesem Buch vorgestellte Aspekte nachvollziehen kann.

Der Beginn

Wie weit in die Zukunft in den dreißiger und vierziger Jahren in Deutschland vorausgeplant wurde, zeigt die Tatsache, daß bereits am 13. Juli 1934 der Auftrag gegeben wurde, eine unterirdische Nachrichtenanlage in Betonbunkern zu bauen. Diese Entscheidung wurde von der Heeresleitung im Februar des o.g. Jahres im Zusammenhang mit der Festlegung, daß ein bewaffneter Konflikt, je nach Lage, entweder von Zossen bei Berlin (als Hauptführungsstelle) oder Ohrdruf (als Ausweichamt) aus geführt werden sollte. Baubeginn für die Ohrdrufer Anlage war im Frühjahr 1936, die Fertigstellung und Inbetriebnahme fand am 27. Oktober 1938 statt.
Von dieser Zeit bis Ende 1944 hört man so gut wie nichts mehr von Ohrdruf.

Abb. 10: Kartenausschnitt, der das Gebiet zwischen Gotha, Ohrdruf, Grawinkel und Arnstadt zeigt. Im Zentrum befindet sich der Truppenübungsplatz.

Am 24. August 1944 fand dann eine Unterredung zwischen dem Chef des Wehrmachtführungsstabes, Generaloberst Alfred Jodl, und dem Wehrmachtsadjutanten beim Führer, Oberst Gustav Streve, statt. In den dokumentierten Berichten über die „Planungen und Neubauten FHQu“ geht es, neben weiteren Ausbauten etwa in Schlesien, auch um Thüringen:
„... neue FHQu-Unterkunft im Raume Mitteldeutschland, Thüringen und Harz. Es ist ein Führerentscheid herbeizuführen, ob in diesem Raum eine neue FHQu-Unterkunft zu errichten ist“.
In diesem Dokument taucht zum erstenmal Thüringen als möglicher Standort eines neuen Führerhauptquartiers auf. Am 9. März 1945 ergeht eine von General Wilhelm Burgdorf unterzeichnete Information an alle Dienststellen, in der es heißt:
„Auf Befehl des Führers hat Reichsführer-SS im Raume Ohrdruf den Ausbau einer neuen Unterkunft FHQu übernommen. Mit der Durchführung ist SS-Gruppenführer Kammler beauftragt worden“.
Es wird also der Raum Ohrdruf als Standort angegeben. Interessant hier schon: Es wird von *Ausbau* gesprochen; d.h. es müssen also schon unterirdische Räumlichkeiten vorhanden gewesen sein. In einem von Generaloberst Guderian unterzeich-

neten Schreiben des Generalstabs des Heeres wird auf den Befehl Nr. 71/45 vom 12.02.1945 Bezug genommen, der die Verlegung des OKH in den Raum „OLGA“ anordnete. In dem mit dem 26.02.1945 datierten Schreiben heißt es:

„In Fortsetzung der Maßnahmen o.a. Befehls wird Masse Staffel A in den Raum ‚OLGA‘ am 27.02.45 beginnend verlegt ... Vorbereitungen für Mot-Marsch für Gesamt HQu OKH durch Gen. Insp. d. Pz. Tr. laufen aus ... Gen. Qu. regelt Betriebsstoffversorgung für Verlegung und Durchführung der Entladeaufgaben im Raum ‚OLGA‘ ...“.

Laut diesen (und auch anderen) Meldungen, Berichten und Aufzeichnungen zufolge steht also zweierlei fest:

1. Es sollte ein FHQ „im Raum Ohrdruf“ gebaut werden. Die Verlegung des Hauptquartiers nach „Olga“ war geplant und wohl teilweise auch schon angelaufen.
2. Den Ausbau dieses FHQ übernahmen Kammler und die SS.

An unterirdischen Objekten sind im Bereich Ohrdruf – Arnstadt u.a. folgende bekannt:

- Stollen im Jonastal sowie ein sehr kurzer, etwa 8 m langer Stollen.
- Amt 10 nahe den Kasernen auf dem Truppenübungsplatz.
- Das begonnene und angeblich aufgegebene Ob-

jekt am Eulenberg.
- Unterirdische Anlagen (wahrscheinlich sowjetischer Bauart) etwa 1000 Meter Luftlinie von den Stollen entfernt.
- Unterirdische Anlagen am Sonnenberg.
- Unterirdische Anlagen bei Luisenthal.

Beschreibung einiger der Anlagen

Da wären zum einen mehrere Anlagen auf dem Gelände des Truppenübungsplatzes Ohrdruf. Zwei von diesen lassen sich recht gut erreichen, etwa 500 Meter links von Stollen 1 geht ein befestigter Waldweg den Hang hinauf.
Folgt man diesem Weg, kommt man nach kurzer Zeit auf der linken Seite zu einer kleinen Freifläche, hier stand bis vor kurzem noch eine Baracke. Ihr gegenüber, rechts vom Weg, befindet sich das erste dieser Objekte.
Es handelt sich um einige Stahlbeton-Halbröhren, die miteinander verbunden sind. Am unteren Ende befindet sich der Eingang, dieser hatte Verbindung zur Baracke, sowie ins Freie.
Der Eingang wird durch Stahldrucktüren geschützt. Die ganze Art der Konstruktion macht eigentlich keinen „deutschen" Eindruck. Es handelt sich im engeren Sinn auch gar nicht um ein echtes unterirdisches Objekt.
Die Halbröhren wurden nur wenige Meter in den

Boden eingelassen und nach dem Zusammenbau einfach mit Erde überhäuft.
Daß es sich im *Ursprung* um einen ehemals deutscher Bau handelt, ist nicht hundertprozentig auszuschließen. Wahrscheinlicher ist jedoch, daß es sich um sowjetische Unterstände handelte.
Die Russen hatten auf dem Truppenübungsplatz SS X Raketen stationiert, auch auf mobilen Rampen. Da solche Rampen von Zeit zu Zeit bewegt wurden, um es der gegnerischen Satellitenaufklärung nicht gar zu leicht zu machen, wird es sich möglicherweise um die dazugehörigen Abschuß-Kontrollbunker handeln. Dafür spricht auch, daß sich bei allen vier Systemen jeweils ein planierter Platz in unmittelbarer Nähe befindet. Das nächste dieser Objekte erreicht man, indem man dem eingangs erwähnten Weg weiter folgt. Etwa 100 Meter nach einer Wegekreuzung kommt auf der linken Seite ein freier Platz, ihm gegenüber findet sich der Eingang. Alle Systeme sind ähnlich aufgebaut – mit Erde überhäufte Halbröhren.
Ein baugleiches System von unterirdischen Bunkern liegt in der Nähe des Sonnenberges, der später noch eine Rolle spielen wird. Auch hier existieren von Erde überdeckte Halbröhren.
In der Nähe der Baracke sind eiserne Befestigungen in den Boden eingelassen, die den Eindruck

erwecken, ehedem als Stahlseil-Haltepunkte für Gittermasten (Antennenmasten?) gedient zu haben.

In Luisenthal befindet sich das nächste bekannte System. Hierbei handelt es sich um ein echtes Stollensystem, welches in den Fels vorgetrieben wurde. Aber auch hier läßt sich bisher nicht zweifelsfrei belegen, ob es russischen oder deutschen Ursprungs ist, da keine Dokumente darüber existieren.

Von der Art der Anlage her eher deutsch, spricht allerdings die Art der Ziegelsteinmauerung des Bodens eher für russische Bautechnik (mit der Schmalseite nach oben gemauerte Ziegelsteine).

Die zwei, etwa 70 Meter langen Hauptstollen werden durch eine Querstollen verbunden. In diesem und einem kleinen Seitenstollen befinden sich Luftschächte. Am Ende des linken Stollens befindet sich ein mit Wasser gefüllter Schacht. Ob dieser zu weiteren Räumlichkeiten führt, läßt sich zur Zeit nicht sagen.

Sollte es sich um einen deutschen Bau handeln, so bleibt hier interessanterweise festzuhalten, daß selbst bei diesen kurzen Stollen Luftschächte gebaut wurden, wohingegen im Jonastal keine zu finden sind. Auch dies spricht wieder dafür, daß die bekannten Jonastalstollen absolut unfertig waren.

Für die Annahme, es handele sich um ein deutsches Bauwerk, sprechen verschiedene Punkte. So wurde die oberhalb der Stollen gelegene Villa vom SS-Baustab Luisental bewohnt. Dieser hatte sich ein „Privat-Häftlingslager" angelegt, so daß dessen Insassen durchaus diese Anlage hätten bauen können. Möglich auch, daß sie im Vorfeld der Verlagerungspläne errichtet wurde. Das System befindet sich in der Nähe des Luisenthaler Bahnhofes, der bei einem größeren Angriff sicher eines der potentiellen Ziele geworden wäre. In dieser Anlage hätten sich dann die eventuell gerade Anwesenden Eisenbahnbenutzer in Sicherheit bringen können.
Ganz in der Nähe der Stollen befinden sich mehrere Bergwerke. Die Eingänge sind gesprengt, aber nach Berichten soll die SS dort bis 1945 „Probebohrungen" getätigt haben. Bei unseren Geländeerkundungen stellten wir fest, daß 1994 dort ebenfalls jemand solche Bohrungen betrieben hat. Jeweils über den verschiedenen, verschlossenen Zugängen zu den Schachtanlagen waren frische Bohrlöcher (Durchmesser ca. 30 cm) zu sehen. Ob hier Norman Scott, der Schatzsucher aus den USA, der auch das Jonastal erkundete, sein Glück versuchte?
Zwischen Luisenthal und Crawinkel befindet sich ein aufgegebenes Bergwerk. Es ist zur Zeit in kei-

ner Topokarte verzeichnet. Bei Archiv-Recherchen fiel uns dieses Bergwerk allerdings auf.
Eine Besichtigung zeigte, daß hier ebenfalls der Eingang verschlossen wurde. Halden und Pingen sind aber untrügliche Zeichen für eine Schachtanlage. Interessanterweise liegt diese gut versteckt im Wald, weitab von jeglicher Störung, relativ nahe bei der Bahnlinie nach Crawinkel. Doch zu diesem Bergwerk später mehr.

Die Jonastal-Stollen und das Plateau

Für den Leser, der sich bisher noch kein Bild von der Jonastalanlage machen konnte, folgt eine genauere Beschreibung: Die Anlage gliedert sich in vier verschiedene Objekte: Stollen 1 – 12, 13 – 15, 16 – 20 und Stollen 21 – 25. Der längste bisher bekannte Stollen ist Nr. 14, er führt 176,5 m tief in den Berg und verzweigt am Ende etwa 6 m nach links und rechts. Bei Nr. 13 handelt es sich nach G. Remdt[17] um einen 1944 eingebrochenen Stollen, von dem nichts weiter bekannt ist.
Die Stollen 1 – 5 haben keine Verbindung zueinander, dies ist aber bei 6 – 12 der Fall. Nr. 14 und 15 sind wieder verbindungslose Gänge. Die Bereiche der Stollen 16 – 20 und 21 – 25 sind klar als einzeln konzipierte Anlagen erkennbar. Obwohl die Russen nach Kriegsende die Stollen mit etlichen Tonnen Dynamit sprengten (die Wucht kann

man heute noch am abgesprengten Hang sehen, es fehlen mindestens 20 m), sind alle Stollen begehbar, ausgerechnet bis auf die angeblich am weitesten fortgeschrittenen Stollen 21 – 25.
Rechts von Nr. 25 (etwa 200 m, auf gleicher Höhe) ist ein begonnener Stollen zu sehen (Ausmaße rechteckig, etwa 3 x 3 m). 50 m links und ca. 15 m unter dem Plateau oberhalb von Nr. 1 existiert noch ein Stollen, er reicht ca. 8 m weit in den Berg. Dieser Gang stellt die erste Merkwürdigkeit dar. Die normale Annahme wäre, daß der Eingang „vorne" geplant war. Nur führt keinerlei Weg zu diesem Stollen (er liegt am Schräghang), was keinen Sinn macht, da jeder der anderen 25 etwa mit LKW zu erreichen gewesen wäre.
Auch die Stelle, an der mit dem Vortrieb begonnen wurde, ist logisch kaum zu begründen, wie gesagt an einem sehr schrägen Hang, so daß keinesfalls (wie bei den anderen Stollen) der Abraum mit Waggons hätte entfernt werden können. Es werden zwei Theorien vertreten.
Die erste besagt, es handele sich um eine Flakstellung, somit sei der Gang als Munitionsbunker bzw. Unterstand anzusehen. Dem kann ich nicht zustimmen. Um die Flak effektiv einsetzen zu können, müßte auf dem Plateau eine Stellung dafür angelegt worden sein, dann aber hätte man jede Granate und jede Munitionskiste 15 m den steilen

Hang hinauftragen müssen. So unlogisch hat man damals solche Stellungen nicht gebaut.
Auch sind keinerlei Spuren eines Splitterschutzwalles oder einer Stellung überhaupt in der Umgebung oberhalb des Stollens zu finden, und das eine Flak im Hang aufgestellt wurde, ist kaum vorstellbar.
Die zweite These ist genauso wenig nachvollziehbar wie die erste: Dieser Gang sei zwar begonnen, nicht aber „beendet“ worden. Wenn man sich die Stelle ansieht, wird man diese Annahme sicher ebenfalls verneinen.
Es bestand keinerlei Möglichkeit, Material in rationeller Form dorthin zu bringen. Dies muß der Architekt aber schon bei Beginn der Arbeit gesehen und gewußt haben. Wenn er trotzdem hier einen Stollen vortreiben ließ, muß es wohl einen besonderen Grund gegeben haben. Eine, wenn auch unwahrscheinliche, Möglichkeit wäre ein „Probestollen“ gewesen, etwa um die Festigkeit des Gesteins zu prüfen. Aber auch dann wäre diese Platzwahl kaum nachvollziehbar.
Auch die Pläne, die von einem Arnstädter Architekten 1945 nach Kriegsende im Auftrag der Sowjets gefertigt wurden, sind dafür, daß sie von einem Fachmann stammen, sehr ungenau. So sind die erwähnten angefangenen Stollen überhaupt nicht eingetragen.

G. Remdt hat in den sechziger Jahren eine Begehung des Geländes unternommen und dabei zufällig einen weiteren, nicht eingetragenen Stollen entdeckt. Dieser befand sich rechts von Nr. 12. Remdt folgte dem Stollen etwa 20 m in den Berg, dann wurde eine weitere Begehung zu gefährlich, da Felstrümmer von der Decke zu stürzen drohten.
Später war dieses Gebiet nicht mehr begehbar, da es zum Truppenübungsplatz gehört. Verständlicherweise hatten weder die Sowjets, noch die NVA (Nationale Volksarmee der DDR, Anm. d. Autors) etwas für Leute übrig, die im Sperrgebiet irgendwelche Nachforschungen unternahmen.
Laut Cläre Werner[18] hat die DDR-Regierung kurz vor der Wende den Eingang dieses Stollens sprengen lassen.
Warum also zeichnet ein Architekt ungenaue Pläne? Denn die Russen hatten die Umgebung sicher sehr genau untersucht, es wäre ihnen also aufgefallen, daß die Skizze nicht mit den Gegebenheiten übereinstimmt. *Oder war genau das beabsichtigt?*
Bei einer unserer Begehungen sagten uns Einwohner von Bittstädt, die Baustelle sei damals (Ende 1944) von einem Zaun umgeben gewesen, welcher das Plateau nach Norden hin abtrennte. Außerdem seien in regelmäßigen Abständen MG-

Stellungen angelegt worden. Von den MG-Stellungen fanden wir keine Spuren, allerdings sind auf den Feldern, die etwas nördlich des Plateaus beginnen, einige Gehölzinseln zu sehen, die wir nicht näher untersuchten. Es könnte sich aber durchaus um die Reste von Stellungen, die zur Bewachung der Baustelle dienten, handeln.
Sind auch die Führerhauptquartiere untereinander sehr verschieden, eines haben alle gemeinsam: Sie waren immer von einem dichten Sperrgürtel aus Mannschaftsunterständen, Flak- und Scheinwerferbatterien usw. umgeben. In der näheren Umgebung der Stollen aber ist nichts davon zu sehen. Kaum anzunehmen, daß alles gründlich von den Amerikanern oder Russen entfernt oder zerstört wurde. Bei den anderen von uns untersuchten FHQ ließen sich diese Sperrgürtel ohne Schwierigkeiten nachweisen.
Nun sind die Stollen zwar bombensicher angelegt, ein völliger Verzicht auf Flakschutz ist dennoch nicht anzunehmen. Die einzige Flakstellung, die wir bisher ausfindig gemacht haben, befindet sich aber bei Crawinkel, Ortsteil Friedrich-Anfang. Auf dem Plateau finden sich keinerlei Spuren von einer Bebauung, wenn man von einigen wenigen Betontrümmern etwa oberhalb von Stollen 15 absieht. Allerdings ist das Gelände völlig unübersichtlich, überwachsene Erdhaufen wechseln sich

ab mit metertiefen Mulden und Löchern, so daß es uns unmöglich war, zu entscheiden, was aus dem Kriege stammt und was später entstand. Ebenso ist es bei der Vielzahl der Erdhaufen so gut wie ausgeschlossen, einen potentiellen, getarnten Eingang zu finden.
Daß es diesen gibt, ist für mich aus mehreren Gründen nicht zweifelhaft. So hat ein amerikanisches Schatzsucherteam vor einigen Jahren auf dem Plateau Messungen mit einem Protonenmagnetometer vorgenommen, und in „einigen Metern Tiefe" große Mengen Eisen geortet, die auf armierte Betonflächen deuten. Läßt sich ein Protonenmagnetometer eventuell noch auf erzhaltigem Boden täuschen, auf Muschelkalk wird dies sicherlich nicht geschehen.
Die Richtigkeit dieser Messungen wird im übrigen auch von Zeitzeugen bestätigt. So schreibt der ehemalige Häftling und jetzige Schriftsteller Fred Wander in seinem Buch „Der siebte Brunnen":
„... Jeden Morgen fuhren wir in die Schlucht vor Arnstadt ... Überall auf den Hügelkuppen, die ganze Schlucht entlang, wurden senkrechte Luftschächte in den Fels getrieben ..."
Der Elektromonteur Edmund Möller aus Gehren-Jesuborn sagte: „... 1944 erhielt ich den Auftrag, im Jonastal zu arbeiten. Der SS-Führungsstab hat-

te darauf gedrungen, daß die hier begonnenen Arbeiten schneller vorangetrieben würden. Ich bin auf die Baustelle II gekommen, die am weitesten fortgeschritten war. Unsere Baracke stand oben auf dem Kamm der Felsen."

Diese Aussage ist besonders in Verbindung mit einer anderen interessant, die da lautet: „... haben wir die Stollen über Treppen nach unten erreicht".[19] Das klingt vollkommen logisch, denn es scheint kaum vorstellbar, daß jedesmal ein Auf- und Abmarsch über den steilen Hang erfolgen sollte.

Und wozu überhaupt Baracken *oben* auf dem Kamm der Felsen? Doch wohl nur, wenn dort *auch* gebaut wurde. Der Zeitzeuge sagte weiter, die Arbeiter hätten keinerlei Kontakt zu den Häftlingen gehabt. Letzteres wäre aber bei einem betreten der Stollen von „vorne" überhaupt nicht zu verhindern gewesen. (Allerdings, und dies ist weit wahrscheinlicher, hat dieser Zeuge wohl gar nicht die „Jonastalstollen" gemeint, sondern ein ganz anderes, getrenntes Objekt.)

Zuguterletzt sollte bedacht werden, daß alle FHQ und größere Bunkeranlagen mindestens einen Notausgang hatten. Gerade die Stollen 16 – 20 und 21 – 25 aber sind stark gefährdet gewesen, ein oder zwei Treffer vor die Eingängen hätten die Falle zuschnappen lassen ...

Sollte solch ein überlebenswichtiger Punkt wie Notausgänge wirklich übersehen worden sein? Wohl kaum. Dieses Argument wird häufig mit der Bemerkung weggewischt, die Anlage sei ja auch noch nicht fertig gewesen. Dem stehen nun aber eine ganze Reihe von anderslautenden Berichten gegenüber:
„... Große Teile der Stollensysteme waren bereits gekachelt und mit Fliesen ausgelegt ... Ich kann nur so viel sagen, daß das Objekt unmittelbar vor der Einweihung gestanden haben muß."[20]
Oder K.W. aus Arnstadt (G. Remdt, der ihn in seinem Buch „Rätsel Jonastal" zitiert, hat seinen vollen Namen nicht genannt): „... Ich war damals im Jonastal dienstverpflichtet und mußte zusammen mit anderen von der Firma Elektro-Beyer, Erfurt, Elektroleitungen auf den Baustellen eins und zwei verlegen. Dabei kamen wir in die Stollen. Die Gänge waren bereits mit hellen Kacheln verkleidet."
Frau Traute Schleichardt kannte den Sägewerksbesitzer, der Holz für die Baustelle lieferte. Dieser wurde eines Tages von einem der Architekten in das Jonastal mitgenommen, „um zu sehen, was aus seinem Holz gemacht werde". Als er, wieder zurückgekehrt, mit Frau Schleichardt sprach, „schwelgte er in seinen Schilderungen von dem in jeder Hinsicht kaum vorstellbaren Luxus: Teppi-

che, Möbel, alles vom Feinsten, Parkettfußböden, Teppiche und Gemälde an den Wänden".
Aber: Fakt ist, daß in den Stollen 1 – 20 keinerlei Spuren vorhanden sind, die auch nur ansatzweise auf die oben angegebene Ausstattung schließen lassen. Zwar sind die Stollen 16 – 20 teilweise schon betoniert, jedoch finden sich keinerlei Anhaltspunkte, daß ehemals Kacheln oder eine Vertäfelung angebracht waren. Selbst, wenn man annimmt, die Rote Armee oder die Amerikaner hätten – soweit möglich – alles vorhandene entfernt und mitgenommen, so müßten wenigstens noch Spuren einer Demontage existieren. Doch das tun sie nicht.
So bleibt nur die Vermutung, die „luxuriöse Ausstattung" bezog sich auf die Stollen 21 – 25, eben jenen, bis heute verschlossenen Bereich.
Aber auch dann taucht ein Widerspruch auf: Frau Werner und Frau Schleichard sprechen beide von Parkett oder sogar Teppichen an den Wänden. Herr Herms und Herr K.W. sprechen in ihren Augenzeugenberichten von hellen Kacheln an den Wänden und Fliesen. Schon hier wird deutlich, daß es getrennte, bisher noch nicht (wieder-)entdeckte Systeme oder Stollen geben muß.
Und, wie weiter oben bereits erwähnt, waren die Stollen 21 – 25 wirklich bezugsfertig, so müssen Notausgänge gewesen vorhanden sein. Doch bis-

her sind diese nicht bekannt bzw. identifiziert worden.

Die Stollen waren fertig!

Es führen also insgesamt 25 Stollen in den Berg. Bei einigen wurde festgestellt, daß sie wahrscheinlich „künstlich verbrochen“, also gesprengt wurden.

Das deckt sich mit dem, was der bereits erwähnte Herr K.W. noch sagte:

„Der weiteste mir bekannte Vortrieb in das Innere des Berges betrug neunhundert Meter. Vermutlich hat die SS kurz vor dem Einmarsch der Amerikaner im Innern des Berges die wichtigsten Gänge zugesprengt.“

Eine weitere Aussage bekräftigt dies. Der ehemalige KZ-Häftling Georg Link aus Arnstadt gab folgendes zu Protokoll:

„Ende März erfuhr ich von Mithäftlingen [Link war für den Abtransport der Leichen aus dem Jonastal eingesetzt], daß die SS begann, im Berg bestimmte fortgeschrittene Stollensysteme zu sprengen. Nach Darstellung der Kameraden und wie später aus den Zeugenaussagen bei den Vernehmungen in Buchenwald hervorging, müssen die Stollen sehr tief in den Berg gegangen sein. Eines weiß ich genau: In den Stollen wurde von der SS gesprengt, bevor der Amerikaner kam. Die

Amis haben sich um rein gar nichts gekümmert. Vielleicht waren sie auch zu feige, wegen Verminung und so. Und die Russen? Ich weiß nicht, vielleicht fehlten denen die Informationen."
Der weiter vorn schon erwähnte Edmund Möller erinnerte sich: „Bei meinen Arbeiten in den Stollen sah ich große Stahltüren, die ständig geschlossen gehalten wurden. Auch wir als Elektriker sind hier nicht reingekommen".
Karl Zehnel aus Ichtershausen geht noch weiter: „Es steht fest, daß die Stollen nahezu fertig waren. Es wird immer viel erzählt, aber wir, die wir dort gearbeitet haben, müssen es ja schließlich am besten wissen ... Ich selbst habe Parkettfußboden verladen und in die Stollen gefahren. In den letzten acht Tagen, bevor die Amerikaner kamen, waren die unterirdischen Konferenzräume, Befehlsstände und große Hallen fertig."
Wo befinden sich all diese Örtlichkeiten? Große Hallen, Befehlstände, „sehr tief" in den Berg gehende Stollen wurden nicht gefunden, geschweige denn Hinweise auf einen gar 900 m langen Vortrieb. Und Sperrsprengungen wurden im Jonastalsystem bisher ebenfalls nicht entdeckt.
Daß diese Anlagen vorhanden sein müssen, ist gar keine Frage bei so vielen, unabhängigen Aussagen, die sich gleichen. Warum hat sich eigentlich noch niemand die Mühe gemacht, nachzu-

rechnen, ob die vorhandenen, bekannten Stollen der Arbeitsleistung von 20.000 Häftlingen entsprechen?

Allein die Anzahl der abkommandierten Häftlinge läßt ahnen, daß dieses Projekt eine der höchsten Dringlichkeitsstufen überhaupt gehabt haben muß. In den überlieferten Berichten und Protokollen heißt es zu S III, daß es über allen Rüstungsangelegenheiten und dem Geilenberg-Programm rangiere. Vom „Notprogramm des Führers" wird gesprochen, und es heißt auch: „Mit Rücksicht auf die Geheimhaltung des Bauvorhabens kann keine Dringlichkeitsstufe allgemein mitgeteilt werden ... Für die Beschaffung von Engpaßmaterial und Geräten usw. kann die Z 1 Stufe 4 9000 gegeben werden."

Im Verlaufe der Recherchen kam ein Kontakt mit einem ehemaligen Major der NVA zustande, der peripher mit dem Jonastal zu tun hatte. Er sagte aus:

„Persönlich hatte ich mit dem Jonastal nichts zu tun. Soweit ich weiß, wurde in den Achtzigern dort intensiv nach dem Bernsteinzimmer gesucht. So etwa in der Umgebung von Ohrdruf und Luisenthal. Ja, sogar Suchbohrungen fanden statt, es wurden damals erhebliche Geldmittel aufgewendet. NVA und Stasi suchten damals auch nach Stolleneingängen von alten Bergwerken, von denen zwar bekannt war, daß sie existierten, ihre genaue Lage aber nicht. Meines Wissens nach wurden sie nicht gefunden. Soweit mir bekannt ist, sollte im Jonastal eine V2-Produktion und ein FHQ hinkommen."

Wie auch immer, V-Waffen-Schmiede, FHQ oder sonstiges ... wo befanden sie sich?

In diesem Zusammenhang ist auch interessant, daß die Internet-Webseiten, auf denen über Neuigkeiten zu „Olga" oder „S III" berichtet wird, Ziel von erstaunlich vielen Besuchen staatlicher Stellen sind – und nicht etwa nur deutscher. Die sind zwar auch vertreten, aber bei weitem nicht so oft wie die des US-Militärs!

Wie das Logfile ausweist, geben sich zeitweise die ****.gov und ****.mil die Klinke in die Hand. Wobei „gov" Regierungsstellen ausweist und „mil" das Militär. Letzteres nutzt zu den Besuchen das „Arpanet", ein zu rein militärischen Zwecken konzipiertes Netz.

In einem Beitrag der Zeitschrift „Wissenschaft ohne Grenzen", Nr. 1/1997, fand sich ein weiterer interessanter Hinweis:

„... Mitteilungen einer Zeitzeugin (Name der Red. bekannt), die der Autor Anfang 1996 befragen konnte, ergaben weitere Anhaltspunkte für die besonderen Rätsel, die die Gegend zwischen beiden Hauptstollensystemen im Jonastal offensicht-

lich birgt. Die Frau sagte aus, daß sie als Halbwüchsige ... öfter Gelegenheit hatte, das Jonastal zu passieren. So war es Ende der 50er Jahre, als sie bei einer dieser Fahrten auf der Straße zwischen Crawinkel und Arnstadt einem großen russischen Fahrzeugkonvoi begegneten, der, über einen Feldweg vom Übungsplatz herunterkommend, im Bereich der namenlosen Bergspitze die Straße wieder verließ ... Und selbst ihr Russisch sprechender Begleiter, der mit Sonderausweisen ausgestattet war und damals zu den wenigen Deutschen zählte ..., die Zugang zum Übungsgelände hatten, wurde recht unwirsch angewiesen, schleunigst an dem Transport vorbeizufahren.
Sie erinnert sich weiter, wie der (sie begleitende) Stasi-Mann sie aufforderte, nicht näher die Fahrzeuge und deren Fahrtrichtung zu beobachten...
Bei einer im Frühjahr 1996 durchgeführten Begehung besagter Örtlichkeiten stellte sich heraus, daß die Spitze des Konvois (in Richtung Crawinkel gesehen) rechts hinter dem Bergsporn in das steinige Gebiet vor den Felshängen gefahren sein mußte.
Vor Ort lokalisierte man nochmals den Standort der damaligen Spitzenfahrzeuge. Und nur unweit in dessen topographischer Verlängerung liegt auf einer künstlichen Terrasse der heute verschüttete Eingang des geheimnisumwitterten Stollens 12."

Der Autor des Artikels behauptet, daß sich zum Zeitpunkt der Zeitzeugenbeobachtung möglicherweise noch eine Öffnung im Bereich der dortigen Berg- oder Hangwände befand, in die der Transport hätte hineinrollen können.
Leider handelt es sich bei dem Autorennamen um ein Pseudonym, so daß die Angaben des Artikels nicht nachprüfbar sind. Er ist hier auch nur deswegen zu finden, weil er allenfalls etwas bestätigt, was allseits bekannt ist. Schon G. Remdt weist auf seine Begehung eines Stollen 12 „a" hin, ebenso auf die vielzitierte „Bohrkrone", die in Stollen 14 durch die linke Felswand ragte.
Zu dieser Bohrkrone: Es wurden intensive Untersuchungen gerade dieses Bereichs der Stollenwand betrieben. So lassen sich deutliche Spuren von Bohrhämmern erkennen, mit denen man in die Wand eingedrungen ist, wohl auf der Suche nach dahinter verborgenen Räumlichkeiten. Die Wand wurde weit über den von Remdt bezeichneten Bereich mit Metalldetektoren abgesucht, wobei sich allerdings keine Spuren von Bohrgestängen oder sonstigem Metall fanden.
Das heißt nicht, daß Remdts Aussage der Grundlage entbehrt, denn es ist durchaus denkbar, daß die Krone entfernt wurde, um zu verhindern, daß man die betreffende Stelle wiederentdeckt. Immerhin kann die Felswand an dieser Position nicht

sehr dick sein, und es müßte sich zwingenderweise ein Hohlraum dahinter befinden. Was automatisch wieder auf den ominösen, heute nicht mehr existierenden Stollen 12 „a“ weist. Daß es ihn gegeben hat, dürfte wohl niemand mehr ernsthaft bestreiten. Offen ist die Frage, wer ihn wann und warum gesprengt hat. Die Angaben hierüber sind sehr widersprüchlich. Sie reichen von der Vermutung einer russischen Nachsprengung bis hin zu einer solchen Ende der Achtziger durch das MfS (Ministerium für Staatssicherheit der DDR) kurz vor der Wende.

Auch über das, was eine Forschergruppe in den sechziger Jahren dort vorgefunden hat, gibt es nur diffuse Meldungen. Diese Forscher sollen nach etwa 30 – 40 Metern in einer Halle gelandet sein, welche eine Art Kommunikationszentrum darstellte.

Stellt sich die Frage, wo Stollen 12 „a“ zu suchen ist. Auf dem 1945er (?) Baustellenbild, welches Stollen 1 – 12 und den Bienstein zeigt, ist an dieser Stelle eine Treppe nach oben erkennbar, die in die Felswand führt. An ihrem Ende findet sich eine Art Baubude. Es könnte sich hier um einen „Fußgängerzugang“ oder Notein- bzw. Notausgang gehandelt haben.

Die andere mögliche Variante vermutet einen größeren Eingang deutlich unterhalb des Niveaus der

12 anderen Stolleneingänge. Das wäre dann jener, in welchem der russische Konvoi verschwunden sein soll.
Teilweise wird auch angenommen, der Stollen 12 „a“ habe sich innerhalb des Stollens 12 befunden, also wenige Meter hinter dessen Eingang und nach rechts abbiegend.
Wie man zu dieser Auslegung kommt ist mir allerdings unklar.
G. Remdt hat ausdrücklich darauf hingewiesen, daß „sein“ Stollen 12 „a“ außerhalb rechts der 12 zu suchen ist. Und selbst wenn Architekt Kott im Auftrag der Russen nach Kriegsende die von ihm angefertigten Pläne eher „schlampig“ gezeichnet hat, so ist es sehr unwahrscheinlich, daß er einen kompletten Stollenverlauf vergessen hat. Auf seiner Skizze ist aber keiner zu finden.
Wohl hat er die Umgebung des eigentlichen Systems, wie den begonnenen Stollen links oben etc., nicht eingetragen. Das System selbst aber ist sehr genau vermessen, auch die Stollen 21 – 25, von denen man eigentlich dachte, Wirklichkeit und Skizze wären zweierlei, wurden relativ genau wiedergegeben. Zudem wurde der Stollen 12 in den sechziger Jahren von einer ganzen Reihe von Leuten begangen, keiner berichtet allerdings über solch einen Zugang.
Da drängt sich der Verdacht auf, daß hier Interes-

se für eine Stelle im Gelände geweckt werden soll, die eher uninteressant ist, jedenfalls nach Dokumentenlage. Daß dies durchaus gelungen ist, erkennt man daran, daß ein Forschergrüppchen aus Thüringen in blindem Eifer versucht hat, diesen – wahrscheinlich gar nicht vorhandenen – Stollen freizusprengen.

NEUERE UNTER-SUCHUNGEN

In den Stollen

Immer wieder hörte man in den letzten Jahren davon, in einigen Stollenwänden befände sich noch Sprengstoff, welcher von der SS nicht mehr gezündet wurde, man könne sogar noch die Zündkabel sehen. An anderer Stelle sprach man davon, daß es sich nur um Sprengstoffattrappen handele. Eine weitere Erklärung klang recht simpel: Es sollten einfache, in Bohrlöcher geschlagene Holzkeile sein, mit denen Draht festgeklemmt wurde. Hieran befestigte man dann die Druckluftschläuche für die Bohrgeräte, Beleuchtungen und anderes.
Ein Forscherteam hat nun vor kurzem eines dieser Bohrlöcher und seinen Inhalt untersucht. Ergebnis: Die einfachste Erklärung ist manchmal die beste. Es handelte sich „nur" um eingeschlagene Holzkeile.
Ein weiteres, sich hartnäckig haltendes Gerücht betraf vier stählerne Drucktüren, welche sich im System der Stollen 1 – 12 befinden sollen. Sie seien, so wurde behauptet, in die Wand eingelassen und ähnlich den „Wernerschen" Türen mit einer Felsbelegung getarnt. Es sei unmöglich, die Türen als solche von außen zu erkennen.
Das bereits erwähnte Forscherteam hat nun die Stollen 6 – 12 gründlich mit einem Detektor untersucht. Die modernen Detektoren hätten eine sol-

che Kumulation an Stahl, wie sie eine Luke oder eine Drucktür erzeugt, bis in eine Tiefe von mindestens einem Meter geortet. Es wurde allerdings nichts dergleichen gefunden.
Ein bislang ungeklärter Aspekt ist die angebliche Anwesenheit eines bisher unbekannten Systems unter der bekannten Stollenanlage. Aus „Insiderkreisen" ist zu hören, es habe zwei – nach anderen Informationen vier oder fünf – Stollen gegeben, welche mit römischen Zahlen beschriftet waren, und bei denen es sich um die Hauptzugänge zum „unteren System" gehandelt habe. Sieht man sich das auf der nächsten Seite dargestellte Bild des Bereichs zwischen Stollen 15 und 16 genauer an, so scheint diese Vermutung gar nicht so abwegig zu sein.
Deutlich erkennbar ist eine Art Holzverschalung. Denkbar ist, daß sie auch nur der Abstützung des Hanges diente, um darunter befindliche Arbeiten zu sichern.
An besagter Stelle wurden kürzlich von unbekannter Hand Grabungen durchgeführt. Soweit man sehen kann, haben diese bisher noch keine Öffnung freigelegt. Allerdings macht die Felswand im freigeräumten Bereich einen teilweise künstlich geglätteten Eindruck, was zumindest als merkwürdig bezeichnet werden muß.
Die mangels eines „passenden" Systems häufig

Abb. 11: Mysteriöses Holzgestell zwischen Stollen 15 und 16.

geäußerte Vermutung, die *fehlenden, ausgebauten Anlagen* müßten sich im Bereich der Stollen 21 – 25 finden, hat sich als falsch erwiesen.
Ein Forscherteam aus Themar hat sich lange Zeit in diesem System aufgehalten und es eingehend untersucht. Es gibt keinerlei Hinweise auf weiterführende Gänge. Die einzige Möglichkeit, welche auch bei einem Teil der übrigen Stollen 1 – 20 besteht, wäre ein nach unten führender Schacht, der heute durch herabgestürztes Gestein verdeckt ist.

Ein vermutetes System unter den Stollen

Wie in den vorangegangenen Kapiteln angesprochen, deutet einiges darauf hin, daß sich unter den 25 bekannten Stollen ein weiteres System befinden könnte, das bisher nicht identifiziert worden ist. Doch wo sind die betreffenden *Zugänge* zu suchen?
Da wäre zum einen die Skizze des SS-Mannes, welcher die Baustelle unmittelbar links an der alten Straße nach Bittstädt ansiedelt. Rechts davon finden sich ältere Bauspuren.
Weiterhin kommen die Bereiche unter den Stollen 21 – 25 in Betracht. Das Eisengerüst, welches angeblich nur zum Schutz vor Steinschlag vorgesehen war, weist einige Besonderheiten in der Fundamentierung auf. Nach Meinung von Architekten, denen das Foto vorgelegt wurde, könnte dies darauf hindeuten, daß noch eine „untere" Etage vorhanden ist.
Dann der schon angesprochene Bereich zwischen den Stollen 15 und 16. Hier wollen sich Zeugen, die auf der Baustelle arbeiteten, später erinnert haben, sie seien links des Bienstein mit einer Kleinbahn hinein, und aus dem Stollen 14 (!) wieder hinaus gefahren.

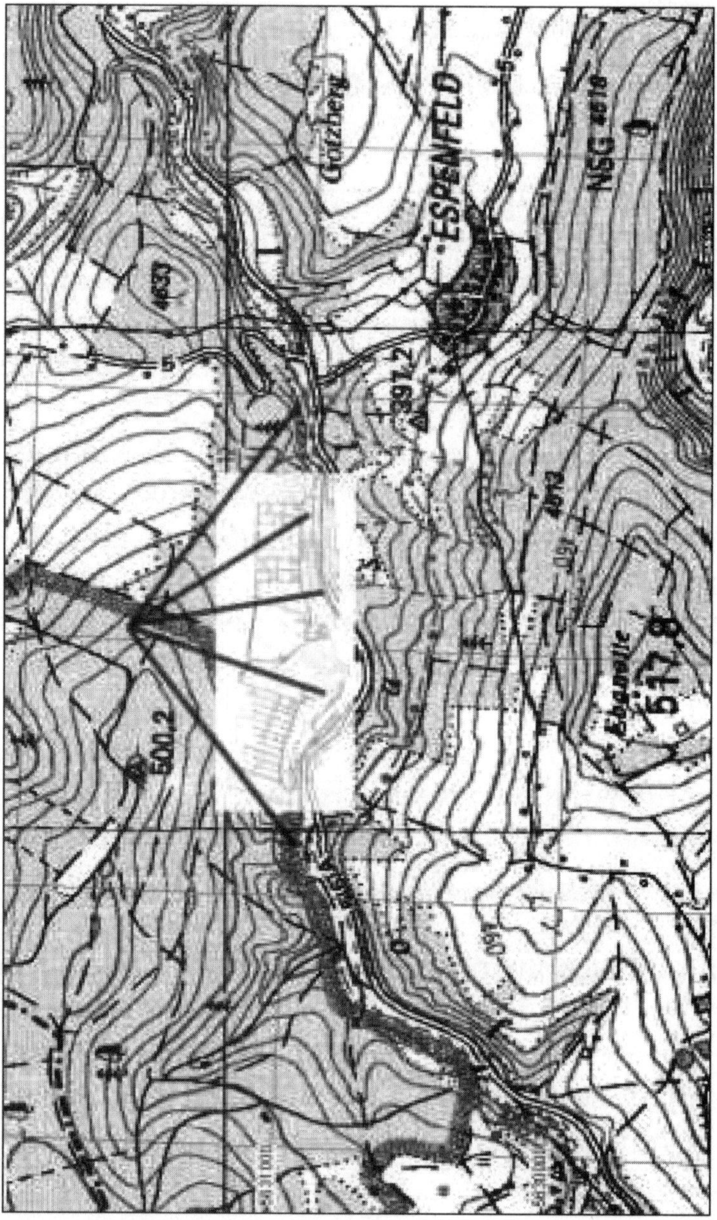

Abb. 12: Theoretischer Stollenverlauf (Schema nicht maßstäblich).

Da dies so allerdings nicht wirklich gewesen sein kann, bietet sich nur eine logische Erklärung an: die Zeugen sind nicht aus Stollen 14 herausgefahren, sondern aus einem anderen, bisher unbekannten Stollen. Da sie später nur die Baustellenbilder sahen, und seither natürlich eine geraume Zeit vergangen war, mußten sie annehmen, daß es sich um Stollen 14 handelte; der eigentlich gemeinte Stolleneingang war nämlich gesprengt oder zugeschüttet worden, jedenfalls nicht mehr sichtbar.

Dann kommt der Bienstein mit seinem angenommenen linksseitigen Stollen. Und zuletzt der im Hang vermutete Stollen links des Stollens 1. Wendet man nun alle diese Stollen auf ein unbekanntes System an, welches sich unter und hinter den bekannten Stollen befindet, so ergibt sich ein beeindruckend symmetrisches Bild, das auf der gegenüberliegenden Seite zu sehen ist.

Höhlen

Ein weiteres Problem, das im Bereich der Stollen und des gesamten Jonastales immer wieder Anlaß zur Spekulationen gab und gibt, sind die hier existenten diversen Höhlen. Interessanterweise widersprechen sich auch hier, wie sollte es auch anders sein, Kartenmaterial und praktische Begehungsergebnisse bzw. Aussagen von involvierten Personen oft in vollkommener Weise.

Abb. 13: Höhleneingang am Bienstein.

So handelt es sich beim sogenannten Böhlersloch laut Höhlen- und Karstführer um einen schmalen, am Ende zusedimentierten Gang.
Es soll allerdings auch andere Berichte geben, etwa von heute im reifen Alter befindlichen Einwohnern der umliegenden Ortschaften, welche als Jugendliche in dieser Höhle spielten und sich heute daran erinnern können, daß diese Höhle wesentlich geräumiger gewesen sei als aus den Plänen bekannt ist.
Bei diesen Vergleichen zwischen früheren Berichten und Plänen mit den heutigen muß allerdings bedacht werden, das Höhlenpläne heutzutage sehr häufig in abgeänderter Form dargestellt werden.
Mindestens eine weitere begehbare Höhle befindet sich etwas unterhalb des Biensteinplateaus.
Für Unruhe sorgte ein Bericht über eine Höhle bei Plaue, die als „Schäferspalte" bezeichnet wird. In der Gegend sollen sich diversen Gerüchten zufolge nach dem Krieg „Nazis" versteckt gehalten haben. In der vorerwähnten Höhle will man später die Überreste eines SS-Mannes gefunden haben, der angeblich eine Petroleumleuchte mit sich führte, deren Glas noch intakt war. Das Ganze klingt kurios, weil die Fundstelle nur zwei Möglichkeiten der Erklärung zuläßt:
Entweder, der Mann hatte sich abgeseilt und war

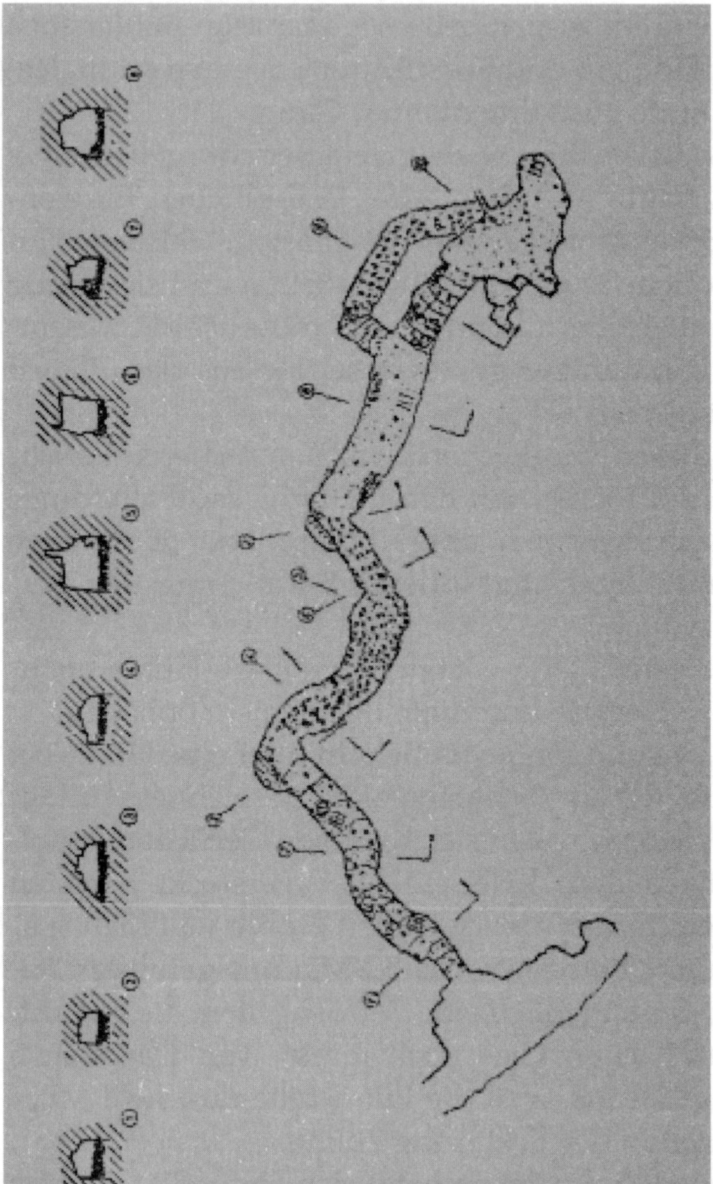

Abb. 14: Skizze Böhlersloch.

anschließend gestorben, dann aber hätte man die Überreste eines Seiles finden müssen.
Oder er war abgestürzt, dann wäre allerdings die Lampe zu Bruch gegangen. Weil keine der Erklärungen paßte, konstruierte man die eigenwillige Erklärung, der SS-Mann müsse „aus dem Bergesinneren“ gekommen sein, eventuell durch einen Zugang, den seine Kameraden versehentlich sprengten.
Meiner Recherche nach ist diese Geschichte ein besonders schönes Beispiel für Gerüchte, die sich bei genauer Überprüfung als haltlos erweisen. In der originalen Erzählung war nie die Rede von einem SS-Mann, sondern nur von einem „Mann in Uniform, wahrscheinlich einem Nazi“. Gefunden wurden die Überreste dieses Mannes darüber hinaus in einer ganz normal begehbaren Höhle und nicht in der einige Hundert Meter entfernten „Schäferspalte“. Wäre der Mann in dieser gefunden worden, so hätten sich in der Tat die obigen Fragen ergeben. So aber stellte sich die ganze Sache als Anekdote heraus ...

Kabel, Kienberg und „Konsorten"

Die schon in meinem ersten Buch „1945 – Thüringens Manhattan Project" erwähnte Tatsache, daß es ungemein schwierig ist, die vielen kleinen Barackenlager zu lokalisieren, die es außerhalb der „Hauptlager" noch gab, läßt natürlich Raum für Spekulationen. Die Annahme aber, daß nun zu jedem Barackenlager auch eine unterirdische Anlage gehörte, ist nicht zu belegen – und auch nicht logisch.

Aus den Häftlingsberichten geht eindeutig hervor, daß noch vielerlei andere Arbeiten verrichtet wurden. Baumfäll- und Schienenarbeiten, Kanalisations- und sonstige Wasserarbeiten, Straßen- und Wegebau gehörten dazu.

In meinem o.g. Buch bin ich kurz auf die am Kienberg befindliche Schießbahn und die danebenliegende Flakstellung eingegangen. Kurz danach erschienen Berichte über ein äußerst mysteriöses „Stromkabel", welches von dort abging und vor Jahren ausgegraben worden sei.

Im Nachtrag: Die Schießbahn sowie die Flakstellung wurden wohl zu Trainingszwecken eingerichtet. Hier sollte Hitlerjugend auf den Einsatz, u.a. eben am Flugabwehrgeschütz, vorbereitet werden. Das Stromkabel diente wohl gleich mehreren Zwecken, einerseits der Versorgung der Kommunikationseinrichtungen, eventuell auch der Drehlafette mit Strom, andererseits der Beleuchtung. Ein Geheimnis ist hier nicht zu erkennen.

Eulenberg

Er könnte einen der Endpunkte des von Allan beschriebenen Speichenrades darstellen. Zeitzeugen sagen aus, in den Berg haben Stollen geführt, die mit Betonvorbauten versehen waren. Frau Cläre Werner, die ich schon in meinem ersten Buch öfters erwähnte, sagt zum Eulenberg:
„Im Eulenberg war ein große Höhle. Da hatten sie (die Nazis, Anm. d. Autors) ihre Raketen drin. Vom Eulenberg wurden die Amerikaner bei ihrem Einmarsch beschossen. Es bestand eine Funkverbindung zwischen Eulenberg und Jonastal."
Die Betonvorbauten weisen darauf hin, daß die Stollen fertiggestellt waren. Falls tatsächlich eine Verbindung zu dem „Zentralsystem" bestanden hat, so wäre dies eine Erklärung, wie der Nachschub und das nötige Material für die angenommene „V-Waffenfabrik" angeliefert wurden. Vom Eulenberg bis zur Bahnstrecke nach Ohrdruf sind es nur ca. 2 Kilometer.
Die größte Neuigkeit allerdings dürften neu entdeckte Luftbilder darstellen. Sie datieren von 1944 und 1945 und zeigen eine rege Bautätigkeit im Bereich Eulenberg. Eines der Luftbilder wurde im neuesten Buch von Ulrich Brunzel[21] veröffentlicht. Das eigentlich interessante aber ist hier nicht der Bereich der für ein Nachrichtenamt geplanten

Baugrube, sondern der Bereich der gegenüberliegenden Straßenseite mit dort befindlichen „Hallen". Laut dem „US Target-Information-Sheet", das ebenfalls in Brunzels Buch abgedruckt wurde (S. 77) begannen die Arbeiten daran bereits 1938, möglicherweise für Siemens und AEG.

Abb. 15: „Hallen" am Eulenberg.

Diese Hallen stellen meines Erachtens extrem merkwürdige Bauten dar. Sie haben eine Länge von bis zu 160 Metern, aber nur eine Breite zwischen 15 und 30 Metern. Was sollte hier produzieren werden?
Bemerkenswert ist, daß diese Hallen eine wirklich frappierende Ähnlichkeit mit den amerikanischen Plutonium-Trennanlagen in Hanford aufweisen. Wie noch zu zeigen sein wird, gibt es

scheinbar weitere solcher rechteckigen Hallen – und zwar auf dem Truppenübungsplatz Ohrdruf in der Nähe einer kreisförmigen Struktur.
In Hanford existierten übrigens drei solcher Hallen; in zweien wurde produziert, eine wurde als Reserveanlage zurückgehalten. Die Gebäude waren 240 Meter lang und 20 Meter breit.

Abb. 16: Trennanlage Hanford.

An dieser Stelle könnte sich auch ein weiteres, bisher ungeklärtes Rätsel einer Lösung zuführen lassen. Auf einem Mikrofilm ist eine weitere, diesmal aber scheinbar unterirdische Art Halle zu sehen. Es ist bisher nicht genau nachvollziehbar, woher dieser Film stammt. Es soll sich um einen russischen Film handeln, welcher Anlagen im Be-

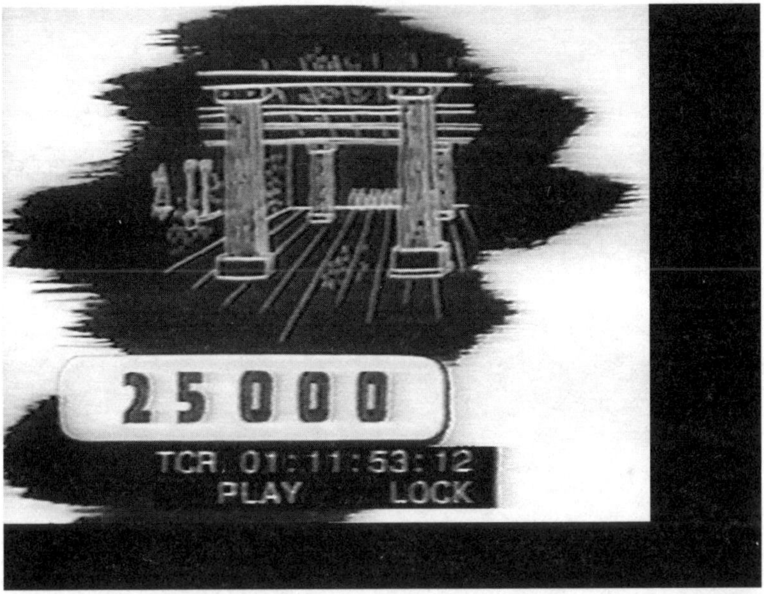

Abb. 17: Russischer Film (Bild 1).

reich Jonastal zeigt. Kurios ist, daß die Filmausschnitte eine bauliche Anlage zeigen, die eine auffallende Ähnlichkeit zu amerikanischen Einrichtungen aufweist, in denen Zyklotrone untergebracht sind (siehe nächste Seite). Handelt es sich hierbei nur um einen Zufall oder ergeben die bruchstückhaften (Puzzle-)Informationen langsam ein faszinierendes Gesamtbild?

Freilich ist es ohne weitere Untersuchungen zur Zeit nicht möglich, genauere Aussagen über die Bedeutung der Anlagen am Eulenberg zu treffen. Die Übereinstimmungen sind allerdings, wie ich

Abb. 18: Amerikanisches Zyklotron in einer speziellen baulichen Anlage.

meine und wie auch leicht zu erkennen ist, erstaunlich.
Ein weiteres Indiz, daß die Hallen mit der deutschen Atomforschung zu tun hatten, ist der russische Bericht über die Baustellenanlagen, in dem es heißt, das „Baustelle II“ radioaktiv verstrahlt war – ohne daß man bisher allerdings wüßte, wo sich denn diese Baustelle II befunden haben soll.
Natürlich ist es, und dies gebe ich an dieser Stelle auch zu, spekulativ, nur anhand von Gebäudestrukturen auf die tatsächliche Existenz einer Plutonium-Trennungseinrichtung schließen zu wollen. Immerhin war auch schon damals die extreme Giftigkeit von Plutonium bekannt und es ist fraglich, ob man dann eine solche Anlage in unmittelbarer Nähe einer Stadt gebaut hätte.
Falls diese Bauten einem anderen Zweck gedient haben sollten, stellt sich natürlich die Frage, welcher dies war. Siemens und AEG haben beide an Hochenergietechniken gearbeitet. Auch hierfür benötigt man erhebliche Mengen an elektrischem Strom. Besteht hier eine Verbindung zu den in Österreich angeblich gefundenen Spuren von „Strahlenwaffen“? Würden uns weitere Recherchen etwa doch in den Bereich der Forschung führen, der mit den Namen des Genies Nikola Tesla verbunden ist?!
Was auch immer die Antwort auf diese Frage sein

mag, in FBI-Akten finden sich weitere Hinweise, daß etwas nicht stimmt.
So schreibt Major Pierce am 2. Mai 1945 an General Groves: „... Berlin hat Anweisung gegeben, seine Agenten mit grundsätzlichen Kenntnissen im Bereich Atomphysik auszustatten, um diese Agenten in die Lage zu versetzen, wichtige Informationen über die Kernspaltung aus den USA zu erhalten." – Und das, obwohl die Deutschen ja angeblich keinerlei Interesse am Fortschritt etwaiger Atomforschungen der gegnerischen Seite hatten ...
In der gleichen, übrigens erst am 25. April 1998 deklassifizierten US-Akte findet sich auch ein weiterer wichtiger Bericht. Nach diesem gibt ein deutscher Kriegsgefangener zu Protokoll, er habe eine Unterhaltung mit dem Fahrer eines Generalstabsoffiziers geführt. Der Kriegsgefangene, ein Rottenführer, habe zufällig mitbekommen, wie sein Chef im Herbst 1944 ein Gespräch mit Hitler, Himmler und anderen hochgestellten Persönlichkeiten des Dritten Reiches hatte. Im Verlaufe dieses Gespräches habe Hitler erwähnt, daß „die neue Geheimwaffe" erst dann eingesetzt werden könne, wenn eine 24-stündige Lufthoheit gewährleistet sei. Himmler habe hinzugefügt, ein weiterer wichtiger Aspekt sei eine Lufttemperatur von mindestens 10 Grad minus.

Beide Punkte lassen auf den geplanten Einsatz einer Großrakete schließen. Die damit verbundenen Startvorbereitungen sind nicht in wenigen Minuten zu erledigen, man braucht Stunden, ja vielleicht sogar einen ganzen Tag, um das Unternehmen nicht in einem Fiasko enden zu lassen. Schließlich entscheidet die Startvorbereitung über Erfolg bzw. Mißerfolg des Unternehmens.

Der Hinweis des Kriegsgefangenen, Himmler habe eine Minustemperatur erwähnt, könnte in Zusammenhang stehen mit dem Antrieb bzw. dem getankten Flüssigsauerstoff. Je niedriger die Außentemperatur, desto geringer der Verdunstungseffekt, wodurch kostbarer Sauerstoff eingespart würde.

Falls aber eine Rakete die „neue Geheimwaffe" war, dann mit Sicherheit nicht die bekannte V2, sondern die A9/10!

Espenfeld

Die schon erwähnten kleineren Barackenlager finden ihre Fortsetzung in Espenfeld. Hier sollen sich nicht nur ein Zeltlager, sondern zusätzlich zwei weitere Barackenlager befunden haben. Eines davon befindet sich linkerhand der Straße nach Siegelbach.

Hermann G. aus Plaue hatte Ende April 1945 Gelegenheit, das Zeltlager zu sehen. Nach der Kriegsgefangenschaft zeichnete er seine Struktur, die ihm im Gedächtnis haften geblieben war, nach (seine Zeichnung ist auf der nächsten Seite zu sehen).

Warum existierten so viele kleinere Nebenlager außer den „Hauptlagern", die da, soweit bekannt, Ohrdruf (Nord und Süd), Crawinkel und Espenfeld waren?

Die Vorstellung mancher Forscher, die im Großraum Jonastal – Truppenübungsplatz Ohrdruf realisierten Bauprojekte würden sich auf die Stollen im Tal beschränken, ist mehr als naiv. Im Umfeld wurde mindestens genauso viel gearbeitet, wie im Bereich der Stollen selbst.

Logisch nachvollziehen kann man allerdings die Annahme, die drei Hauptlager hätten die Arbeitskräfte für die Tunnelsysteme geliefert, während die Insassen der Barackenlager die Infrastruktur weiter aufbauen sollten, also für Kanalisations-

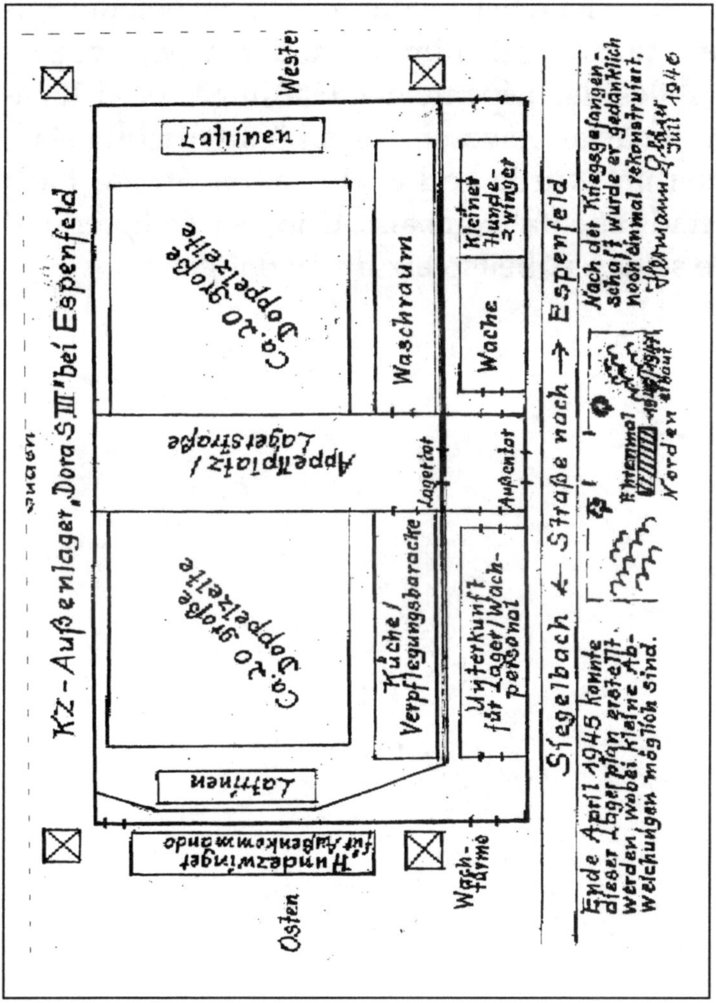

Abb. 19: Das Zeltlager nach der Zeichnung des Zeugen Hermann G.

und Straßenbau sowie ähnliche Vorhaben eingesetzt wurden.
Der mit Recherchen zu diesem Gebiet befaßte Forscher Martin Stade nimmt an, der Arbeitsweg eines Teiles der Espenfelder Häftlinge sei in Richtung Jonastal gewesen. Dies könnte richtig sein, immerhin wurde rechts der alten Straße nach Bittstädt ebenfalls gebaut. Und ein weiterer Teil habe seinen Arbeitsplatz im Tieftal gehabt.

Das Gebiet Jonastal – Tieftal

Das Tieftal-Areal liegt eigentlich weitab. Es führt keine sonderlich gut ausgebaute Straße dorthin. Auch sind mit Sicherheit längst nicht so beeindruckend gesprengte Hänge zu sehen wie eben im Jonastal.
Ein erster Hinweis darauf, daß hier allerdings auch gebaut wurde, ist die Erinnerung des erwähnten Hermann G. Nach seinen Aussagen wurden immer wieder Kolonnen von Häftlingen vom Bahnhof Siegelbach in Richtung Tieftal getrieben. Und nach dem bereits erwähnten Stade mußten auch Häftlinge vom Espenfelder Lager zu Fuß in Richtung Tieftal marschieren. Ein möglicher Anmarschweg läßt sich noch heute lokalisieren.
Der Zeuge Fred Wander, der bereits in meinem ersten Buch zu Wort kam, sagte aus, daß „überall auf den Hängen entlang der Schlucht vor Arnstadt Luftschächte niedergebracht wurden."
Eine „Schlucht" im eigentlichen Wortsinn gibt es aber weder im Jonastal, noch am Eulenberg oder von dort aus in Richtung Ohrdruf.
Falls Wander aber in Siegelbach aussteigen mußte, um von dort aus zur Arbeitsstelle zu laufen, und diese angenommenerweise im Tieftal lag, dann wäre seine Beschreibung nachvollziehbar. Dann würde die Aussage, daß „auf den Hängen

der Schlucht" Luftschächte niedergebracht wurden, Sinn machen, denn dies hätten sehr gut die Espenfelder Häftlinge erledigen können.
Deren Arbeitsplatz, obwohl ihr Anmarschweg ja Richtung Tieftal ging, konnte dort nämlich eigentlich nicht sein; die Stelle, an der dieser Weg endet, ist absolut ungeeignet, um einer großen Häftlingsanzahl einen Abstieg über die steilen Felsen zu ermöglichen.
Das Tieftal liegt in der Nähe von Plaue. Und hier ist ein beeindruckend großer Rangierbahnhof vorhanden, allerdings ohne die dazu passende Industrie. Was also sucht ein solch überdimensional erscheinender Rangierbahnhof in einer Kleinstadt, die ihn gar nicht nötig hat?
Auch die enormen Halden, die unter anderem am Ende des Tales zu finden sind, lassen Fragen offen. Woher rühren sie? Sollte sich meine, in meinem ersten Buch aufgestellte und durch die Aussage von Frau Cläre Werner gestützte Vermutung über den Kalksteinabbau bewahrheiten, wonach es einen unterirdischen Kalksteinbruch gegeben hat, der nur noch ausgebaut wurde?
Es gibt in Richtung Liebenstein einen rechts der Straße gelegenen Stollen, er ist etwa 150 – 200 m lang. In ihm wurde zwar Schaumkalk abgebaut, doch wird man wohl kaum den entstandenen Abraum extra bis ins Tieftal gekarrt haben. Woher

also stammen diese Halden, die teilweise mit Müll verfüllt sind?
Die frühere DDR hat zwar ihre Müllentsorgung nicht sonderlich genau genommen und wohl so ziemlich jedes Loch genutzt, um ihn billig loszuwerden, daß aber immer wieder gerade solche interessanten Örtlichkeiten derart „zugeschüttet“ wurden, ist schon seltsam. Ist das alles nur Zufall oder hat das Ganze Methode gehabt?

Wieso ausgerechnet das Jonastal?

Kaum jemand scheint sich bisher Gedanken darüber gemacht zu habe, wieso ausgerechnet die Muschelkalkfelsen des Jonastals als Ausgangspunkt für die Stollenanlagen dienten. Es wird zwar immer wieder darauf hingewiesen, diese hätten sich hier geradezu angeboten und wenn man die Weichheit des Gesteins in Betracht zieht, mag dies auch sicherlich richtig sein. Fast der gesamte Bereich ist aber auch Karstgebiet. Das heißt, es mußte beim Stollenbau immer und überall mit dem Auftreten von Höhlen und Spalten gerechnet werden. Für einen „Stollenbau irgendwo“ hätte es bessere, durchaus auch nahegelegenere Plätze gegeben.

Warum hat man beispielsweise nicht die Bergwerke in der nahen Umgebung genutzt, die teilweise sogar schon über einen Gleisanschluß verfügten und in standfesterem Gestein vorgetrieben waren?

Bekanntermaßen lehnte die SS diese Bergwerke für ihre Zwecke ab. Dafür kann es eigentlich nur folgenden Grund geben: Der Übungsplatz bzw. das Jonastal boten irgendeinen entscheidenden Vorteil. – Doch welchen?

Die angebliche Nähe zu den Gebäuden und Kasernen? Wohl kaum, denn diese waren immerhin 12 km entfernt. Und von diesen Gebäuden zu den vorhandenen Bergwerken war es genauso weit wie ins Jonastal.
Was war dann der entscheidende Punkt? Die Straße? Die Bergwerke hatten ebenfalls Straßenanbindung. Die Stromversorgung? Umspannwerke gab es dort auch.
Es muß also etwas geben, was es im Bereich der Bergwerke nicht gab. Die Nachrichtenzentrale Amt 10 vielleicht? Das könnte ein Grund sein, aber das Amt 10 ist wiederum 12 Kilometer von den Stollen entfernt. Es mußten also Kabel gelegt werden – und die hätte man nun ebensogut zu den Bergwerken legen können.
Es bleibt eigentlich nur eine Erklärung übrig: *Das Jonastal wurde gewählt, weil es auf dem Truppenübungsplatz (mindestens) eine bereits bestehende Anlage gab, auf die das Jonastalsystem nach Fertigstellung angewiesen war, in welcher Form auch immer.*
Womit wir dann wieder bei den Ähnlichkeiten zwischen „Olga“ und der in Österreich befindlichen Anlage „Zement“ sind. Auch nach dieser „Logik“ würde es nachvollziehbar sein, daß eine Forschungseinrichtung bereits seit langer Zeit in Betrieb war.

Der Truppenübungsplatz

Eine weitere wichtige Neuigkeit dürfte einen Bereich betreffen, der weit abseits der Stollen liegt, schon ganz in der Nähe der Baracken des Übungsplatzes.
In den überlieferten Aussagen der Häftlinge tauchen bekanntermaßen immer wieder Hinweise auf Bergwerke auf, in denen man gearbeitet habe und worin sich Hallen befänden.
Nun finden sich Bergwerke zwar in der ganzen Umgebung, bisher allerdings waren solche auf dem Übungsplatz nur aus wenigen historischen Überlieferungen bekannt, in denen die Rede von „abgeteuften" Schächten ist.
Ich hatte ja bereits in meinem ersten Buch die Vermutung geäußert, diesen Bergwerken käme möglicherweise eine besondere Bedeutung zu, etwa den am Kienberg befindlichen.
Ob Zufall oder nicht, jedenfalls finden sich auf heutigen topographischen Karten ausgerechnet jene Bergwerke nicht, welche durch ihre Lage eine wichtige Rolle gespielt haben könnten.
Diese Tatsache betrifft beispielsweise das nur wenige hundert Meter vom Lager Crawinkel entfernt liegende Bergwerk. Es wurde nur durch einen Zufall gefunden. Thüringische Karten enthielten keinen Hinweis, wohl aber eine Karte aus

Bayern. Irgendwie seltsam, oder? Interessanterweise ist auch jetzt erst wieder eine Karte aufgetaucht, die ein Bergwerk zeigt, wo offiziell keines ist. Auch dieses liegt nur wenige hundert Meter vom Lager entfernt, allerdings diesmal vom Lager Ohrdruf.

Diese neu aufgetauchte Karte ist eine amerikanische Topokarte (siehe nachfolgende Seite), die auf den alten deutschen Kartengrundlagen aufbaut.

Einige Forscher gehen davon aus, es handele sich bei diesem Bergwerk gar nicht um ein solches, sondern vielmehr um eine Kiesgrube. In bezug auf diese Hypothese möchte ich allerdings erhebliche Zweifel anmelden. In diesem Bereich sind zwar tatsächlich Kiesgruben vorhanden, aber das eingetragene Hammerzeichen dürfte wohl eindeutiger Natur sein. Auf einem Luftbild, das diesen Bereich zeigt, sind die Kiesgruben als solche sehr genau erkennbar, an der Stelle aber, an der das Bergwerk eingezeichnet ist, finden sich keinerlei Spuren von einer solchen.

Das Luftbild zeigt allerdings auch ganz erhebliche Bauaktivitäten in diesem Bereich sowie getarnte Gebäude zwischen den Bäumen.

Diese Stelle würde sich somit ausgezeichnet als Zugang zu unterirdischen Anlagen eignen. Sie liegt an einer Kreuzung von gut ausgebauten Straßen und ist nicht allzuweit von den Kasernen

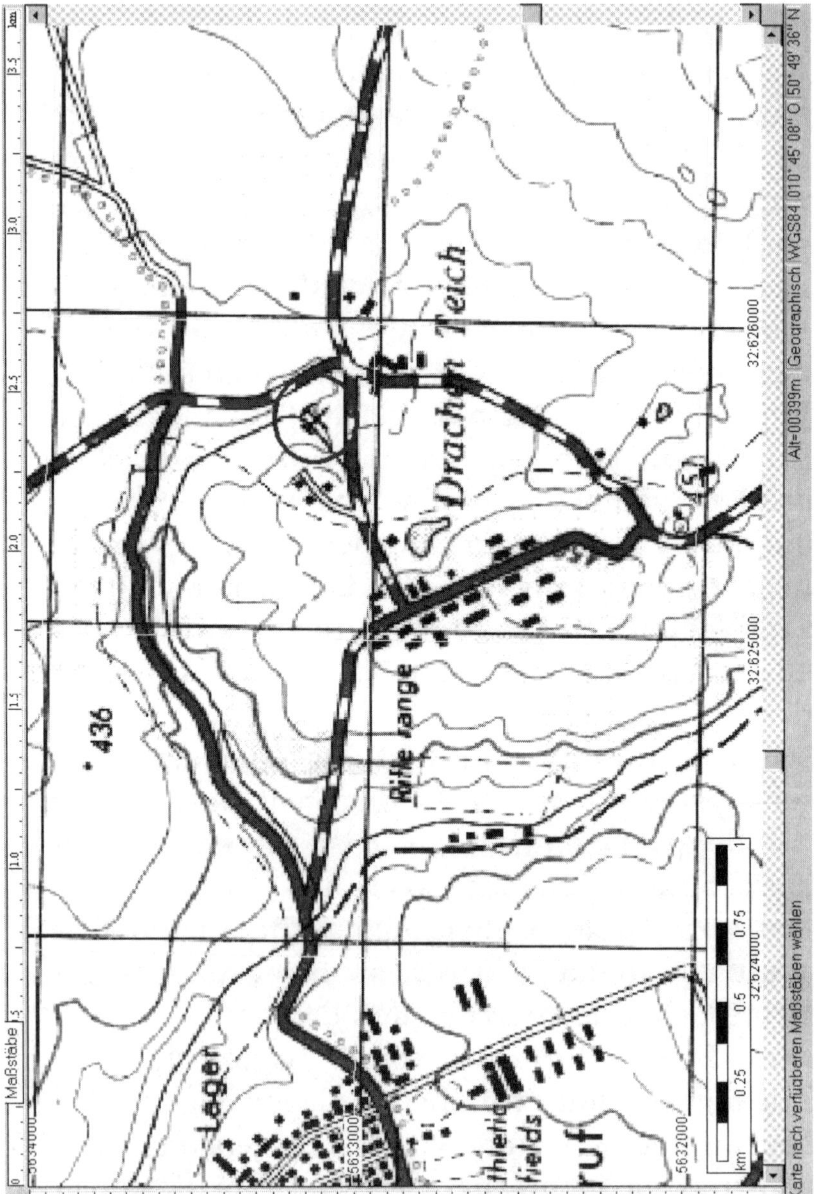

Abb. 20: US-Topokarte.

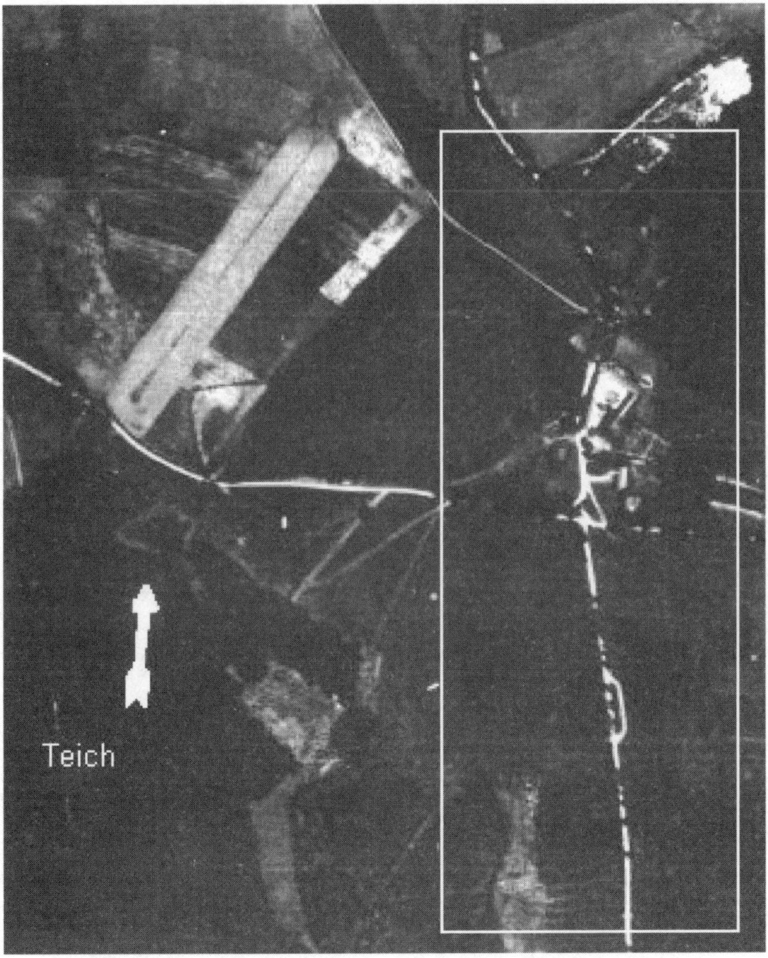

Abb. 21: Luftbild von 1945 mit dem Bereich
der Kiesgruben und des vermuteten Bergwerks.

entfernt. Und sie entspricht fast genau der Beschreibung des unterirdischen Systems, wie sie Dulles abgibt: „Die ausgedehnte Stollenanlage befand sich unter dem Lager."
Insofern dieses System wirklich so ausgedehnt war, dann hat es sich mit Sicherheit eben bis dorthin ausgebreitet.

RECHERCHE

Maginot-Linie auf dem Truppenübungsplatz Ohrdruf?

Immer wieder tauchen Gerüchte auf, die vermißten Systeme seien schon weit vor dem Zweiten Weltkrieg angelegt worden. Einige Forscher sprechen beispielsweise von ausgedehnten Anlagen, welche in Vorbereitung des Angriffs auf Frankreich zu Übungszwecken installiert wurden. So wird im Internet auf einer Seite eine mehrstöckige unterirdische Anlage der Maginot-Linie gezeigt und in bezug darauf die Möglichkeit angesprochen, daß ein Nachbau dieses französischen Verteidigungssystems auch auf dem Truppenübungsplatz Ohrdruf vorhanden sei.

Dafür gibt es jedoch aus meiner Sicht keinerlei Anzeichen. Wohl gibt es eine geheime Anweisung, auf Truppenübungsplätzen Anlagen der Art „Maginot-Linie" nachzubauen (siehe die nächsten beiden Seiten). Aus diesem Schriftstück geht hervor, daß auf einigen Plätzen „Übungsanlagen für den Kampf um ständige Befestigungen errichtet wurden". Das Dokument zeigt allerdings auch klar auf, daß in Ohrdruf nur attrappenmäßige Bauten aus Holz oder Ziegelstein errichtet werden sollten.

Außerdem wäre auch die vorgesehene Bauzeit

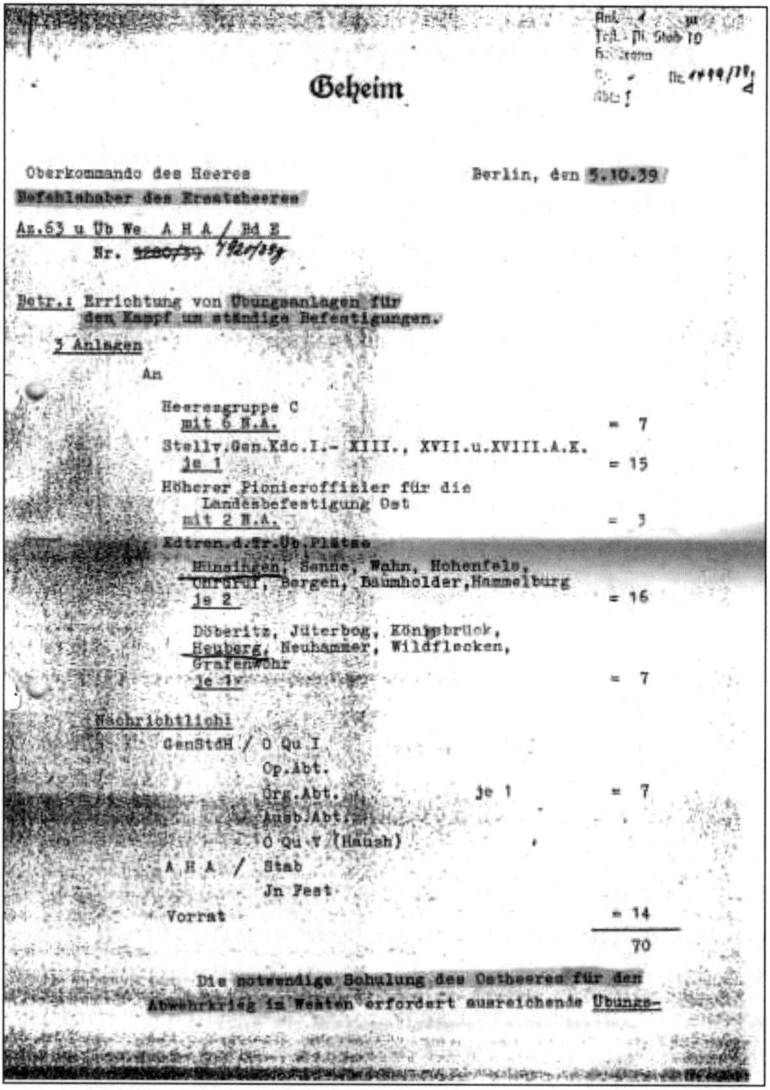

Geheim

Oberkommando des Heeres
Befehlshaber des Ersatzheeres

Berlin, den 5.10.39

Az.63 u Üb We A H A / Bd E
Nr. 1921/39

Betr.: Errichtung von Übungsanlagen für den Kampf um ständige Befestigungen.

3 Anlagen

An

Heeresgruppe C
mit 6 N.A. = 7

Stellv.Gen.Kdo.I.- XIII., XVII.u.XVIII.A.K.
je 1 = 15

Höherer Pionieroffizier für die Landesbefestigung Ost
mit 2 N.A. = 3

Kdtren.d.Tr.Üb.Plätze
Münsingen, Senne, Wahn, Hohenfels, Ohrdruf, Bergen, Baumholder, Hammelburg
je 2 = 16

Döberitz, Jüterbog, Königsbrück, Heuberg, Neuhammer, Wildflecken, Grafenwöhr
je 1 = 7

Nachrichtlich:
GenStdH / O Qu I
Op.Abt.
Org.Abt. je 1 = 7
Ausb.Abt.
O Qu V (Haush)
A H A / Stab
Jn Fest
Vorrat = 14

70

Die notwendige Schulung des Ostheeres für den Abwehrkrieg im Westen erfordert ausreichende Übungs-

Abb. 22 (a + b): Anweisung zum Ausbau von Übungsplätzen (diese und nächste Seite).

- 2 -

Übungsmöglichkeiten auf den Tr.Üb.Plätzen.

1.) Übungsanlagen für den Kampf um ständige Befestigungen. befinden sich bereits auf den Tr.Üb.Plätzen:

Döberitz (III.A.K.), Jüterbog (III.A.K.), Königsbrück (IV.A.K.), Heuberg (V.A.K.), Neuhammer (VIII.A.K.) Wildflecken (IX.A.K.) und Grafenwöhr (XIII.A.K.).

2.) Ausser diesen bereits vorhandenen Übungsanlagen sind solche auf folgenden Tr.Üb.Plätzen attrappenmässig in Holz oder Ziegelsteinen zu errichten:

Münsingen (V.A.K.), Wahn (VI.A.K.), Senne (VI.A.K.), Hohenfels (VII.A.K.), Ohrdruf (IX.A.K.), Bergen (XI.A.K.), Baumholder (XII.A.K.), Hammelburg (XIII.A.K.)

3.) Die Übungsanlagen müssen einem Kompanie-Abschnitt in 700 m Breite und etwa 2000 m Tiefe der ständigen Front entsprechen. Als Anhalt für den Ausbau dient beiliegende Skizze (Anlage 1).

4.) Entsprechend der beigefügten Liste (Anlage 2) sind in diesem Komp.Abschnitt Kampfanlagen und Unterstände in ständiger Bauart enthalten. Die Einzelanlagen müssen in Form und Grösse sowohl innen wie in ihrer äusseren Gestalt den Anlagen der Wirklichkeit entsprechen. Form und Grösse sind aus den Bauskizzen (s.Anlage 3) ersichtlich.

5.) Mit der Durchführung des Ausbaues werden die Kdtren. der Tr.Üb.Plätze beauftragt. Die Kommandanten der Tr.Üb.Plätze führen die entsprechenden Erkundungen durch, wozu ihnen für die Erkundung und zur geländemässigen Festlegung von Einzelheiten an Ort und Stelle Fest.-Pionier-offiziere zugeteilt werden und zwar für die Tr.Üb.Pl. Münsingen, Wahn, Senne, Hohenfels, Bergen, Baumholder:

Offiziere der Festungspionierstäbe des Westens nach Anordnung der Heeresgruppe C;

für

viel zu kurz gewesen, um etwas anderes zu konstruieren. Die Anweisung datiert vom 5. Oktober 1939 und besagt, daß die Arbeiten bis spätestens 15. Dezember desselben Jahres beendet sein müssen. Der Nachbau einer vermuteten Maginot-Linie wäre wesentlich zeitaufwendiger gewesen und war nie und nimmer in der angegebenen Zeit realisierbar.

„Verlorene“ Zeugen und sich widersprechende Beschreibungen

Eines der auffallendsten Phänomene, die einem bei der Recherche zu S III immer wieder begegnen, sind „verschwindende“ Informanten und sich widersprechende Beschreibungen in bezug auf die Örtlichkeiten.
Was die Informanten betrifft: Nach Erscheinen des ersten Buches meldeten sich erneut einige Zeugen aus Übersee, welche Hinweise und Fotos hatten und diese zur Verfügung stellen wollten. Jedoch setzte sich hier fort, was schon bei den vorherigen Recherchen passierte. Die Zeugen meldeten sich einmal, um dann nichts mehr von sich hören zu lassen. Stellvertretend für viele andere Fälle möchte ich nur das Beispiel von Martha B. (vollständiger Name bekannt, Anm. d. Autors). Ihre Tochter sollte eine Seminararbeit über den Zweiten Weltkrieg schreiben, und da Marthas Vater dereinst in Ohrdruf stationiert war, sollte sich der Inhalt der Arbeit mit Ohrdruf beschäftigen. Martha B. suchte also nach weiteren Informationen, um ihrer Tochter ein wenig zu helfen.
Martha B. fragte dies und jenes, um was für eine Art Lager es sich gehandelt habe, wie die Bedin-

gungen für die Häftlinge waren usw. usf. Sie versprach dann, einige Fotos zu schicken, die ihr Vater von Ohrdruf gemacht hatte. Unnötig zu erwähnen, daß genau mit Erwähnung dieser Fotos der Kontakt abriß. Wäre so etwas nur einmal geschehen, könnte man es für puren Zufall halten. Es ist bei den Recherchen allerdings die Regel, nicht die Ausnahme.

Ein anderes Beispiel: Ein weiterer Informant meldete sich bei mir über das Internet. Er hatte die Web-Seiten über „Olga" gefunden und sich daran erinnert, daß sein Großvater häufiger über dieses Objekt, aber auch von Stollenanlagen gesprochen hatte. Der Informant wollte einen Kontakt herstellen, der auch zustande kam.

Plötzlich wußte Mr. Bainbridge allerdings nichts mehr von Stollen in Ohrdruf; die Kompanie des Großvaters sei auch nur extrem kurz dort gewesen und sofort weitergezogen. Später habe Großvater Bainbridge von Kameraden erfahren, in Ohrdruf (nicht Merkers!) seien in unterirdischen Räumen erhebliche Mengen an Wertgegenständen gefunden worden.

Die mehr oder weniger offen zutage tretende „Geheimniskrämerei" in bezug auf den Bereich Ohrdruf ist nach wie vor erstaunlich. Offizielle Stellen behaupten zwar, daß dem nicht so sei und man überall reichlich Information erhalten könne, Insi-

der jedoch erfahren tagtäglich, daß die wahren Verhältnisse ganz andere sind. Nicht zuletzt wird dieser Umstand möglicherweise damit zusammenhängen, daß sich die vermuteten unterirdischen Anlagen zum Großteil wohl auf dem Truppenübungsplatz verbergen und nach dem Krieg zum Teil weitergenutzt wurden und/oder werden. Aus taktischen und strategischen Gründen hatte wohl keiner der Übungsplatz-Nutzer ein Interesse daran, daß ihre bombensicheren Systeme über die Grenzen hinaus bekannt werden.
Ein weiteres Problem stellen die heute oftmals nicht mehr nachvollziehbaren Erinnerungen von Zeitzeugen dar.
So meldete sich ein Mann aus Gräfenroda, der angab, als Kind noch in den gesprengten Stollenbereichen gespielt zu haben. Eines Tages fanden er und sein Freund einen Zugang zu einem Stollen. Man habe sich aus einer Dose und einem Lappen als Docht eine Petroleumfunzel gebastelt und sich auf eine abenteuerliche Entdeckungstour begeben. Diese endete aber schon nach wenigen Metern, weil das im Stollen stehende Wasser immer tiefer wurde und ein Weiterkommen somit nicht mehr möglich war.
Der Zeitzeuge schwört Stein und Bein, es habe sich um Stollen 15 gehandelt, genau das aber ist eigentlich gar nicht möglich. Stollen 15 ist einer

der am höchsten gelegenen. Es ist zwar denkbar, daß sich im Laufe der Zeit Wasser im Stollen angesammelt hat, aber keinesfalls soviel, daß es dem Zeugen damals bis über die Brust reichte. Wenn dem so war, kann es sich eigentlich nur um einen Stollen gehandelt haben, der entweder auf gleichem Niveau wie der – dort befindliche – Bach lag oder sogar noch darunter. Dann aber wiederum wäre es nicht Stollen 15 gewesen.

Wie man sieht, stellt sich vieles als sehr verworren heraus, auch wenn es anfangs oft noch völlig klar erschien.

Selbst wenn man Zeitzeugen vor Ort bringt, um sich gewisse Stellen zeigen zu lassen, erlebt man immer wieder, daß diese völlig orientierungslos sind. Das ist zwar verständlich, erschwert aber die Recherche ungemein. Nicht nur die vielen Jahrzehnte, die zwischen den damaligen Ereignissen und der heutigen Zeit liegen, täuschen die Erinnerung, auch das Gelände selbst hat sich vollkommen verändert.

Man braucht sich nur Aufnahmen anzuschauen, welche die Stollen-Baustelle im Jahr 1945 zeigen und diese Fotos mit dem heutigen Zustand des Bereiches zu vergleichen. Wo noch 1945 Stolleneingänge, Schienen und Verschalungen deutlich sichtbar waren, liegt heute nur ein wüster Haufen großer und kleiner Felsbrocken, und als ob das nicht genug wäre, sind viele Stellen zusätzlich mit Buschwerk, Bäumen und Dornenhecken bewachsen, die eine Untersuchung mancher Gebiete schlichtweg verhindern.

Die Ungereimtheiten des „Camp Ohrdruf“

Es ist bis heute nicht eindeutig klar, wieviele Lager es in bzw. um Ohrdruf überhaupt gab. Man kann davon ausgehen, daß die bekannten Lager Ohrdruf, Crawinkel und Espenfeld sozusagen die Hauptlager waren, es aber daneben noch weitere gab, jeweils nur aus wenigen Baracken bestehend. Es stellt sich in diesem Zusammenhang auch die Frage, wieso eigentlich Ohrdruf überhaupt so sehr das große Interesse der damaligen Medien auf sich ziehen konnte. Es handelte sich weder um ein Konzentrationslager noch wurden hier Tausende von halbverhungerten Häftlingen gefunden.
Die amerikanischen Truppen hatten mit Sicherheit schon vorher ermordete Zivilisten und Zwangsarbeiter gesehen. Nur wenige Kilometer entfernt befand sich das Konzentrationslager Buchenwald. Aber man hatte nichts eiligeres zu tun, als den amerikanischen Medien Ohrdruf zu präsentieren zu einer Zeit, als bekannt war, daß sich in Buchenwald oder Nordhausen noch viel unbeschreiblichere Dinge zugetragen hatten. General Eisenhower, General Bradley und amerikanische Senatoren besuchten Ohrdruf.
Die Zahlen schwanken, aber es wurden in diesem

Lager etwa 70 Überlebende gefunden. Auf den überlieferten Fotos sind auch ermordete Häftlinge zu sehen, allerdings, auch wenn sich dies makaber anhören mag, nur verhältnismäßig wenige. Vergleicht man aber den medialen und militärischen Aufschrei in bezug auf Ohrdruf mit dem bei anschließend befreiten Lagern, so stellt man verwundert fest, daß in Ohrdruf sehr viel mehr Aufregung herrschte als bei anderen Lagern, obwohl diese anderen durchaus mehr Material für Medienberichte hergegeben hätten.
Im Fall Ohrdruf gewinnt man den Eindruck, es habe sich um eine gelenkte, möglichst „publikumswirksame" Aufführung gehandelt. Erwähnte Senatoren wurden aufgefordert, sich die Greuel anzuschauen, Journalisten eingeflogen, um die „Untaten zu dokumentieren".
War dies am Ende nur ein geschickt eingefädeltes Ablenkungsmanöver, um die Anwesenheit von vielen militärischen und politischen Führern in einem eher bedeutungslosen[22] Camp zu erklären? Mit dieser medienwirksam inszenierten Aktion hätte sich denn leicht der wirkliche Grund für die Anwesenheit höchster amerikanischer Repräsentanten verbergen lassen, nämlich ein im Untergrund verborgenes, militärisch hochwichtiges Geheimnis, das es zu besichtigen und zu bergen galt. Doch nicht nur die eben dargestellte Situation

wirft Fragen auf. Auch die militärische Situation dieser Zeitphase ist als verworren zu bezeichnen. Ich möchte dies anhand einiger Auszüge aus dem Tagebuch von Al Maranda dokumentieren:
„1. April 1945: Bewölkt und windig. Scharfschützen erwischten drei unserer Leute. SS-Truppen machen uns Probleme.
2. April 1945: Die SS versucht, unseren Nachschub abzuschneiden.
3. April 1945: Bewölkt, regnerisch. Es geht los um 7.00 [Uhr], wir überqueren einen Fluß. Position ist 5 Meilen westlich von Gotha.
4. April 1945: Bewölkt und windig. Das Bataillon marschiert um 7.30 los. Durch Gotha; Position ist jetzt 5 Meilen südlich von Gotha. Einige englische, französische und amerikanische Kriegsgefangene befreit. Die 35.-te und 8.-te haben eine Menge Panzer verloren. Wir übernachten in einem Haus.
5. April 1945: Bewölkt und regnerisch. Wir erwarten den Abmarsch. Deutsche Flugzeuge tauchen auf. Einige abgeschossen.
6. April 1945: Bewölkt und regnerisch. Wir liegen immer noch und erwarten Abmarsch.
7. April 1945: Teilweise bewölkt und wärmer. Besuchten Gefangenenlager. Deutsches Massaker an Zivilisten, amerikanischen und anderen alliierten Soldaten bei Ohrdruf. Schlimmer Anblick. Die

meisten von ihnen starben an Hunger und Erschöpfung, einige wurden erschossen.
Vom 6. bis 10. April: Keine Bewegung des Bataillons. Am 11. April 15.30 geht es über die Autobahn weiter nach Obergrunstadt bei Weimar."
Hier wird ziemlich deutlich der Weg sichtbar, den Marandas Bataillon nahm – von Kassel entlang der Autobahn bis in die Nähe Gothas. Von dort erfolgte ein Schwenk nach Ohrdruf, zurück auf die Autobahn und weiter nach Weimar.
Und noch etwas wird deutlich: Das Bataillon lag vom 5. bis zum 10. April fest. Die bisherige Geschichtsschreibung geht ja allgemein davon aus, es habe keinerlei Widerstand in diesem Gebiet gegeben. Es gäbe nicht einmal Hinweise, wonach hier die SS (speziell die 6. SS-Gebirgsjäger-Division) tatsächlich gekämpft habe.
Marandas Tagebuch allerdings spricht eine andere Sprache. Es berichtet von Scharfschützen, Flugzeugen, der Vernichtung „einer Menge" amerikanischer Panzer und – am 1. und 2. April 1945 – von „Problemen" mit der SS. Dabei kann es sich wohl kaum nur um eine Handvoll von SS-Leuten gehandelt haben. Um den Versuch zu starten, amerikanische Nachschublinien abzuschneiden, bedarf es sicher einiger Leute mehr.
Am 7. April 1945 besucht Maranda das Camp. Er beschreibt zwar einen „schlimmen Anblick", aber

das ist merkwürdigerweise auch alles. Erstaunlich wenig Worte für eine solche Erfahrung. Hätte eine solche „Negativsensation", wie sie Eisenhower oder Bradley präsentierten, nicht einen weitaus größeren Niederschlag auch in den Tagebuchaufzeichnungen Marandas finden müssen?

Kurios ist auch ein weiterer Umstand. Laut dem Häftling L. Lauffer wurde das Camp Ohrdruf von amerikanischen Flugzeugen bombardiert – und zwar nach der Befreiung. Wozu?!

Ohrdruf war schon im Februar 1945 durch die 381. Bomb Group angegriffen worden. Diese Einheit flog im Februar 1945 folgende Einsätze:

1. Februar: Angriff auf Mannheim
2. Februar: Angriff auf Berlin
3. Februar: Angriff auf Ohrdruf
4. Februar: Angriff auf Essen
5. Februar: Angriff auf Arnsberg
10. Februar: Angriff auf Brux.

Mannheim, Essen, Berlin, Brux – alles extrem wichtige Städte mit Industrie oder Rüstung. In all diesen Fällen kann man sehr wohl nachvollziehen, wieso Angriffe geflogen wurden – eine Unterbrechung der Kriegsproduktion sollte die Kriegsdauer verkürzen.

Ohrdruf allerdings wirkt in dieser Aufzählung völlig fehl am Platze, ein kleines thüringisches

Städtchen mit einer angeblich noch nicht einmal halbfertigen Baustelle in der Umgebung wird massiv bombardiert? Aus welchem Grund?
Es könnte einen immens wichtigen Grund dafür gegeben haben:
Am 31. Januar 1945 machen sich die Atomwissenschaftler Gerlach, Diebner und andere mit einem Konvoi, welcher auch das restliche Schwere Wasser und das Uran transportierte, auf den Weg in das thüringische Stadtilm. Sie erreichen den Ort nur unter erheblichen Problemen, da die Straßen mit Glatteis bedeckt sind.
Rosbaud, der in Berlin zurückgeblieben ist, versuchte derweil die Engländer zu benachrichtigen, um sie über Art und Ziel des Transportes in Kenntnis zu setzen. Es ist bis heute zwar unklar, ob seine Nachricht ihr Ziel wirklich erreichte, aber wenn dem so war, könnte dies die Bombardierung von Ohrdruf erklären. Denn es wurde damals nicht nur das Lager angegriffen, sondern auch Ohrdruf selbst und sein Bahnhof. Möglicherweise ging Rosbaud davon aus, daß der Weitertransport wegen des Glatteises auf dem Schienenweg stattfand.[23] Deshalb mußte auch der Bahnhof mit einem Bombenteppich bedeckt werden.
Und wenn wir schon bei Stadtilm sind: Es wurde bisher immer davon ausgegangen, daß die sogenannte „Alsos"-Mission der Amerikaner, also der

Einsatz jener Gruppe, welche die „Geheimnisse und den Fortschritt der deutschen Nuklearforschung auswerten" (und bergen ...) sollte, sofort nach Bekanntwerden des Stadtilmer Forschungslabors dorthin eilte.

Bei Irving[24] allerdings liest es sich etwas anders, da hat die Alsos-Gruppe fast eine ganze Woche lang in Eisenach warten müssen, bis sie weiterreisen konnte, um am 12. April 1945 in Stadtilm einzutreffen. Die Wartezeit umfaßt genau die berühmte „Jonastalwoche", in der – zumindest für die Kriegsgeschichtsschreibung – sozusagen die Zeit stillstand. Alsos konnte nicht reisen, weil der Großraum Ohrdruf – Jonastal erbittert verteidigt wurde (was angeblich nicht der Fall war ...).

An dieser Stelle möchte ich nocheinmal auf die Lagersituation im „Camp Ohrdruf" zurück kommen: Wie bereits erwähnt, sind die vorliegenden Berichte extrem widersprüchlich. Dies ist höchst seltsam, sollte man doch eigentlich annehmen können, daß bei all der Presse und den Artikeln, die sie schrieb, gerade dieses Camp gut dokumentiert wurde. Genau das ist aber nicht der Fall. Selbst die Frage, ob es denn nun hier ein Massengrab gab oder nicht, scheint unklar zu sein. So existiert zwar ein Foto mit der Unterschrift „Massengrab in Ohrdruf mit 3500 Opfern", doch habe ich in den mir vorliegenden Berichten dafür nicht

Abb. 23: „Massengrab in Ohrdruf mit 3500 Opfern".

einen einzigen Hinweis finden können, was mich zumindest verwundert.
Ebenso unklar ist, wo sich „Ohrdruf Camp Süd" befunden hat. Einige Forscher glauben, daß dieses Lager auf der Ebanotte – im Umfeld des Jonastals – gewesen sein könnte. Andere meinen, daß es sich in der Nähe des „neuen" Bergwerkes befand. Einzig „Camp Crawinkel" scheint einigermaßen nachgewiesen zu sein. Doch selbst hier könnten historische Aufnahmen bei genauer Betrachtung überall entstanden sein. So etwa Abbildung 24, bei der nur der erhöhte Aufbau, die Bäume und einige andere Details auf Crawinkel schließen lassen.
Ob die Aufnahme nun allerdings in der „Muna" entstand oder vielleicht woanders, und ob es nicht gar die vom Augenzeugen Herz Zuckermann beschriebenen Holzbaracken sind, läßt sich schwerlich nachvollziehen.
Jedenfalls würde eine eindeutige Lokalisierung der verschiedenen Lager und auch der kleineren Baracken hier erheblichen Fortschritt in der Forschung bedeuten.
Unabhängig davon ließe sich aber heute zumindest ansatzweise feststellen, wo sich die Gräber der von den Amerikanern beerdigten Gefangenen befinden. Eine Aufnahme (Abb. 25) zeigt nämlich diese Gräber und man erkennt im Hintergrund

Abb. 24: Bedrückende Aufnahme vom (Grawinkler?) Lager.

Abb. 25: Begräbnisplatz.

eine mit Bäumen bestandene Straße. Solche Alleen sind aber nicht eben häufig.
Überhaupt sollte man erst einmal alle Möglichkeiten ausschöpfen, Gräber ehemaliger Gefangener aufzufinden und mit einem Zaun zu umgeben. Es ist kein besonders schöner Gedanke, daß nunmehr eventuell deutsche Panzer bei Manövern diese Gräber umpflügen könnten ...

V-Waffenfabrik oder Technologiezentrum – Wo und was sucht man am besten?

Die Suche nach diesen Objekten sollte natürlich am besten dort beginnen, wo man in der Vergangenheit immer solche Einrichtungen etablierte und wo man sie auch heute installieren würde. Nämlich an einem Ort, der von möglichst wenigen Normalsterblichen aufgesucht werden kann. Dafür bietet sich im Falle Ohrdrufs eigentlich nur der dortige Übungsplatz selbst an. Weiterhin benötigt man eine gewisse Infrastruktur, also zumindest Straßen, und – wenn möglich – eine Bahnanbindung. Auch dies war durch den Ohrdrufer Bahnhof in gewissem Maße gegeben. Und daß sogar kleinere Flugzeuge in dem betreffenden Gebiet landen konnten, ist auch belegt.
Darüber hinaus mußte es eine gute Stromversorgung geben und schnelle Nachrichtenwege. Wie wir wissen, ist alles vorhanden. Die Ansiedlung einer solchen Einrichtung im sogenannten Kienberg bei Crawinkel (wie oft vermutet) wäre zwar auch denkbar, weil hier die Eisenbahnlinie wesentlich näher verläuft, dafür allerdings waren die Nachrichteneinrichtungen und die Stromversorgung nicht vorhanden.

Als nächstes stellt sich die Frage, was diese angenommene Anlage enthalten haben kann? Da wäre als ein Anhaltspunkt einmal das ominöse, elektromagnetische Feld zu nennen, welches schon während des Krieges bestand und bis mindestens in die siebziger Jahre existierte. Ich beschrieb es in meinem Buch „1945 – Thüringens Manhattan Project“ und möchte an dieser Stelle auf eine Wiederholung verzichten. Irgendwo muß dieses Feld herkommen, und das es natürlichen Ursprungs ist, darf mit Recht bezweifelt werden.
In dem soeben genannten Buch bin ich auch näher auf die Möglichkeit eines Schwerwasserwerkes eingegangen, das dieses Feld – beabsichtigt oder nicht - erzeugte, eigentlich aber Gewinnung der Grundstoffe für eine deutsche Atomwaffe diente. Eine weitere Möglichkeit, solch ein starkes elektromagnetisches Feld hervorzurufen, besteht im Einsatz eines großen Zyklotrons.
Bei dieser Vermutung wird es möglicherweise Proteste geben, denn die deutsche Geschichtsschreibung behauptet, daß ein einsatzfähiges Zyklotron nicht vorhanden war. Was aber nur wenige wissen: In den unterirdischen Weser-Werken, die sich im heutigen Tschechien befinden und über die so gut wie nichts bekannt ist, taucht nicht nur die Verbindung V-Waffen – Zyklotrone auf, nein, es heißt hier sogar, daß eine *Serienproduktion* derar-

tiger Hochtechnologie stattfand. Wie aber kann so etwas möglich gewesen sein, wenn angeblich deutsche Atomphysiker nur einige wenige Versuchsmuster, und auch die nur mit bescheidenen Fortschritten, betrieben haben sollen?

In einem Buch[25], das die alliierten Bestrebungen beschreibt, deutsche Wissenschaftler und ihre Kenntnisse für künftige britische, französische, amerikanische und russische Projekte zu nutzen, heißt es zu den Weser-Werken:

„Noch bezeichnender war die ungeheure Aktivität, die man in der Tschechoslowakei in der Gegend beobachten konnte, wo die Elbe die Sperre der Sudeten durchbricht und in die Podmokly-Ebene fließt. Zehn Kilometer entfernt befand sich, tief in den Berg hineingegraben, die unterirdische Fabrik Weser. Dort hatten die Sowjets mehrere V2-Rümpfe und eine Masse von Papieren entdeckt. Aber was sie besonders interessierte, waren die riesigen Zyklotrone, die man in dieser Fabrik herstellte.

Die Weser-Werke blieben [nach Kriegsende] mehrere Monate lang verlassen, doch am Tag nach Hiroshima begannen sie unter Anleitung der deutschen Ingenieure, die nur ihre Herren gewechselt hatten, wieder zu arbeiten. Von neuem wurden die Zyklotrone in das Fertigungsprogramm aufgenommen. Sie sollten nach Osten, an die Ufer

des Schwarzen Meeres, gebracht werden, um unter russischer Aufsicht wieder zu arbeiten."
Interessant ist besonders die merkwürdige Kombination von V-2 Rümpfen und Zyklotronen. Sollten dort V-2 mit in Zyklotronen gewonnenen radioaktiven Isotopen gefüllt werden?
Da diese dort befindlichen Zyklotrone also nur *wieder in Betrieb genommen* wurden, so bedeutet dies schlicht, daß sie vorher schon, während des Krieges, in Betrieb waren. Also gab es funktionierende Systeme dieser Art und die bisherigen Behauptungen, es habe nur Versuchsmuster gegeben, sind demzufolge falsch!
Damit kann sehr wohl davon ausgegangen werden, daß sich unter dem Truppenübungsplatz Ohrdruf ebenfalls solcherart Zyklotrone befinden.
In diesem Zusammenhang ist auch interessant, was der letzte sowjetische Truppenübungsplatzkommandant gegenüber einem ZDF-Journalisten äußerte: „Ihr werdet euch noch wundern. Dort unten gibt es Räume, in denen heute noch das Licht angeht, wenn man den Schalter umlegt."
Somit steht fest, daß die Stromversorgung nach wie vor funktioniert. Es gibt genügend Strom für die – unterirdische – Beleuchtung wie auch für das elektromagnetische Feld und andere Zwecke, die sich an dieser Stelle nur erahnen lassen.
Dabei ist es eher unwahrscheinlich, daß dieser

Strom von einem normalen E-Werk geliefert wird, etwa dem in Arnstadt. Allein die Existenz des elektromagnetischen Feldes ist mit einer gewaltigen Leistung verbunden. Es muß sich um beträchtliche Kilowattzahlen handeln und spätestens seit der Wende will man verständlicherweise jedes Kilowatt bezahlt haben. Und da sowohl das Arnstädter E-Werk als auch der mittlerweile von der Bundeswehr genutzte Übungsplatz sehr genaue Abrechnungen führen, wären etwaige „sinnlose" oder nicht gezahlte Rechnungen bald aufgefallen. Das ist aber meines Wissens nicht der Fall.

Somit bleibt nur die Möglichkeit übrig, daß der Strom vor Ort im Untergrund durch ein autarkes System erzeugt wurde bzw. immer noch wird. Sucht man nach Möglichkeiten, wie dies geschehen kann, so stehen nicht viele Antworten zur Verfügung.

Zum einen kann ein Kraftwerk durch Wasserkraft betrieben werden. Wie ich erwähnte, ist es denkbar, daß es einen unterirdischen Flußlauf gibt. Ob ein kleines Wasserkraftwerk nun allerdings solch lange Zeit ohne Wartung überstanden hätte, ist fraglich. Sehr wahrscheinlich hätte wohl auch die gelieferte Energie kaum ausgereicht, ein wie oben beschriebenes elektromagnetisches Feld zu erzeugen.

Die zweite Möglichkeit ist die des Vorhandenseins einer Anlage nach dem Prinzip eines atomaren Reaktors. Dieser würde mit Sicherheit genügend Strom liefern können. Darüber hinaus wäre denkbar, daß je nach technischer Ausführung die Magnetfelder auch durch eine magnetische Abschirmung entstehen könnten, was in den Bereich Kernfusion verweist. Denkbar ist weiterhin, daß durch die mangelnde Wartung die magnetische Abschirmung mittlerweile dann und wann versagt, was die Leuchterscheinungen, die immer wieder beobachtet werden und die als „plasmaähnlich" gelten, hervorruft.

Eine bisher nicht in Betracht gezogene Energiequelle wäre die eines „natürlichen Reaktors". Diese Möglichkeit ist allerdings bisher nur einmal auf der ganzen Welt beobachtet worden, noch dazu in uranhaltigen Erzlagerstätten. Sie dürfte daher für den von mir betrachteten Raum wohl kaum in Betracht kommen. Also bleiben wohl doch nur die beiden erstgenannten Varianten übrig, bei genauer Analyse der zu erzeugenden Energiemengen meines Erachtens aber letztlich nur noch die eines Atomreaktors, der in der Tiefe des Truppenübungsplatzes steht.

Neben dieser Energieerzeugungsanlage geben aber Häftlinge und andere Zeugen immer wieder die Existenz von V-Waffenfabriken an, die sich

ebenfalls im Raum des Truppenübungsplatzes bzw. in seinem unmittelbaren Umfeld befinden müssen.
Ein Leser meines letzten Buches, lange Jahre wissenschaftlicher Mitarbeiter der Bergakademie Freiberg und Dr. Ing. von Beruf, machte sich die Mühe, systematisch Luftbildaufnahmen des Übungsplatzes zu bearbeiten und auszuwerten.
Holmer T. glaubt, im Bereich des Übungsplatzes ein „radähnliches" Gebilde ausgemacht zu haben. Da er seiner „Entdeckung" erst nicht so ganz traute, übergab er die betreffende Aufnahme einem weiteren Spezialisten für Bergbau, Altlastensanierung und Luftbildauswertung mit den Worten: „Ich habe da eine riesige Anlage entdeckt."
Der Spezialist machte zunächst seine Witze, versprach aber, sich die Bilder anzuschauen. Zwei Tage später war dem Mann der Sinn für Witze vergangen, statt dessen war er nunmehr dem Kreis der „Jonastal-Besessenen" zuzuordnen.
Nach einigen Wochen der unermüdlichen Bildbearbeitung ergab sich ein Schema der Anlage, wie es in Abbildung 26 zu sehen ist.
Der Kreis hat einen Durchmesser von ca. 520 Metern, die rechts davon befindlichen „Kammern" weisen eine erstaunliche Ähnlichkeit mit den Kammern der Mittelwerke (Nordhausen) auf und haben auch etwa die gleichen Abmessungen: ca.

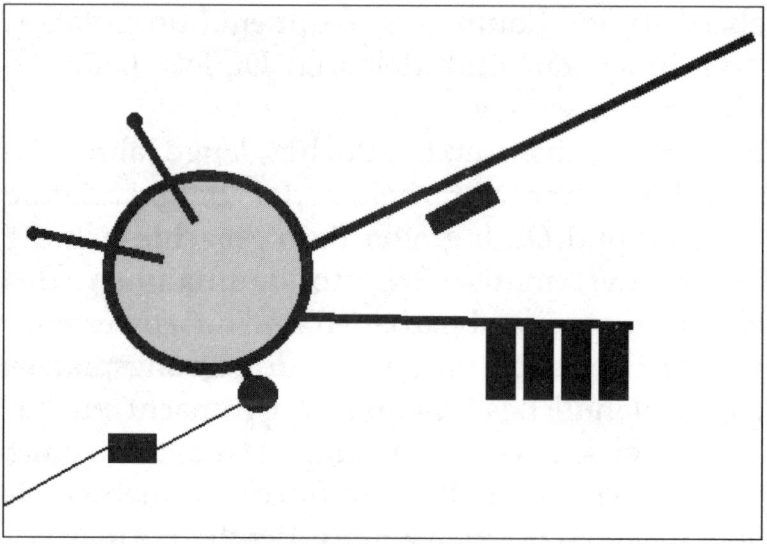

Abb. 26: Die auf Luftaufnahmen entdeckte ringförmige Struktur.

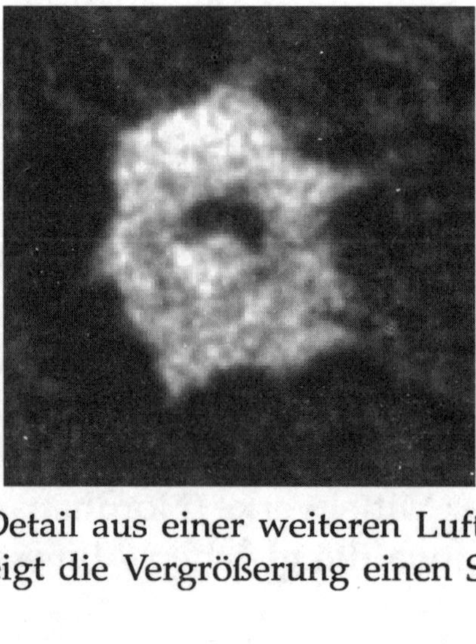

Abb. 27: Detail aus einer weiteren Luftaufnahme – zeigt die Vergrößerung einen Silo?

Abb. 28: Struktur nach Vermessung.

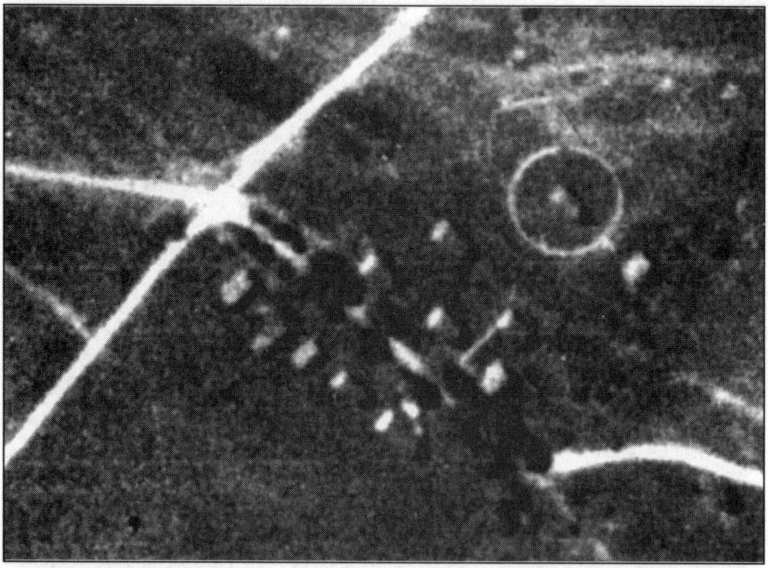

Abb. 29: Handelt es sich bei der Struktur mit dem weißen Ring um eine Radaranlage?

Abb. 30: Amerikanische Radaranlage aus den sechziger Jahren in Gablingen.

150 Meter Länge und 50 Meter Breite. Bei den dicken schwarzen Linien könnte es sich um Stollen handeln. Abbildung 28 zeigt teilweise die vermessene Struktur.[27]
Einer dieser angenommenen Stollen zeigt genau in Richtung einer Waldlichtung. Auf dieser ist eine merkwürdige Struktur erkennbar: Eine Art rechteckige Platte, die seltsamerweise einen runden Schatten wirft. Ein Schacht? Ein Abschußschacht?
Es gibt auf fast jedem Foto aus dieser Zeit etwas zu Bestaunen. So zeigt eines der Luftbilder (Abbildung 29) einen Kreis, in seiner Mitte ist ein Gebilde erkennbar, dessen Identifizierung bisher nicht gelang. Es ist auch nicht erkennbar, ob dieser Kreis aus aufgeschüttetem Material besteht oder nur „ausgefahren" ist. Was auch immer das Gebilde darstellen mag, es weist zumindest erhebliche Ähnlichkeit mit einer alten Radaranlage auf.

Gab es weitere Geheimwaffen?

Nach meinem ersten Buch war eines der meist geäußerten Anliegen, mehr über V- und Geheimwaffen zu erfahren. Eine häufig gestellte Frage war die, ob es denn mehr wie die in „1945 – Thüringens Manhattan Project" beschriebenen gab.
Die Antwort darauf ist einfach: Natürlich gab es eine ganze Reihe von neuartigen Erfindungen während der Zeit des Zweiten Weltkrieges, die diese Bezeichnung verdienen und deren Existenz die Grundlage für viele heute existierende Waffensysteme darstellt. *Allerdings sind aus meiner Sicht die von mir angenommenen Systeme wie die A9/10 oder eine deutsche Atomwaffe in ihrer Bedeutung schwerlich zu übertreffen.* Aus diesem Grund und um das Interesse an V- und Geheimwaffen zumindest ein wenig zu befriedigen, soll weiter unten nur eine kleine Auswahl von projektierten oder gar gefertigten Vorhaben präsentiert werden. Interessenten, die mehr zum Thema „Geheimwaffen" wissen möchten, empfehle ich die im Quellenverzeichnis angegebene Literatur bzw. das Standardwerk von Fritz Hahn „Waffen und Geheimwaffen des deutschen Heeres 1933 – 1945", Sonderausgabe in einem Band, Bernard & Graefe Verlag, Bonn 1998, das sich umfassend

mit dieser Thematik beschäftigt, allerdings zum Thema einer möglichen deutschen Atomwaffe eine ablehnende Haltung einnimmt.

„Rheintochter“

Bei der „Rheintochter“ handelte es sich um eine gelenkte Boden-Luft-Rakete. Die „Rheintochter I“ wurde 1942, die „Rheintochter III“ im Jahre 1945 entwickelt.

Die Daten im einzelnen:

	I	III
Länge	10,3 m	4,75 m
Duchmesser	51 cm	51 cm
Spannweite	2,75 m	unbekannt
Abschußgewicht	1750 kg	976 kg
Sprengkopf	100 kg	415 kg
Lenkung	drahtlos	drahtlos
Antrieb	2 Stufen	2 Stufen
Reichweite	12 km	35 km
Produziert	82 Testeinheiten	
Hersteller	Rheinmetall-Borsig	

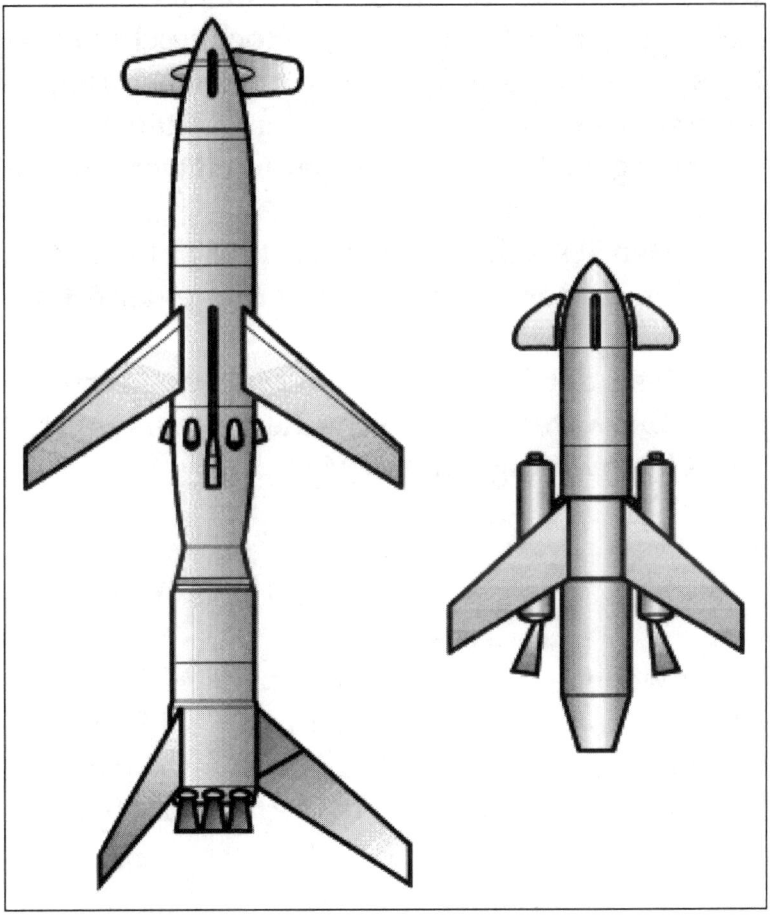

Abb. 31: „Rheintochter I“ (links) und „Rheintochter III“.

„Feuerlilie"

Die Rheinmetall-Borsig F 25 und F 55 „Feuerlilie" war vorgesehen als Flugabwehrrakete. Ihre Entstehung verdankt sie einem Hochgeschwindigkeits-Forschungsprogramm des Reichsluftfahrtministeriums (RLM), in welchem Daten für zukünftige gelenkte Raketen gesammelt werden sollten.
Die ersten Tests der F 25 fanden 1943 in Leba statt. Von den drei Startversuchen verlief einer erfolgreich.
Erste Tests der F 55 wurden im Mai 1944 durchgeführt. Sie waren erfolgreich, die Rakete erreichte eine Geschwindigkeit von Mach 1,25.

	F 25	F 55
Spannweite	1,15 m	2,5 m
Länge	2,1 m	4,8 m
Durchmesser	25 cm	55 cm
Höchstgeschwindigkeit	840 km/h	1500 km/h

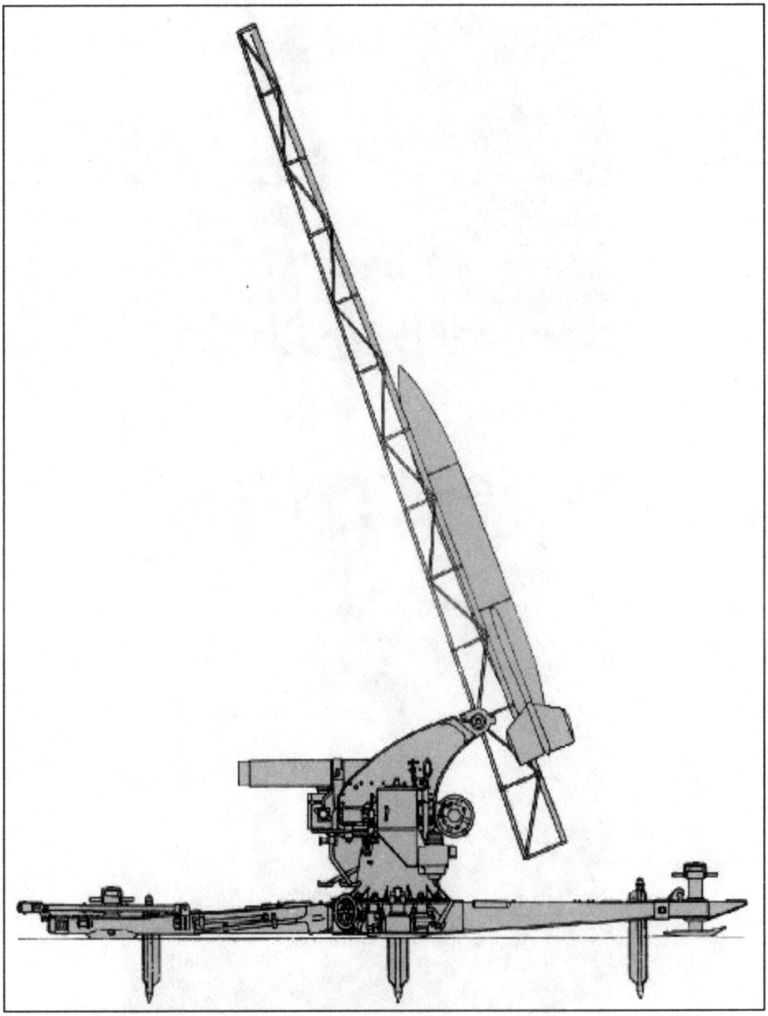

Abb. 32: Die „Feuerlilie“ auf der Abschußrampe.

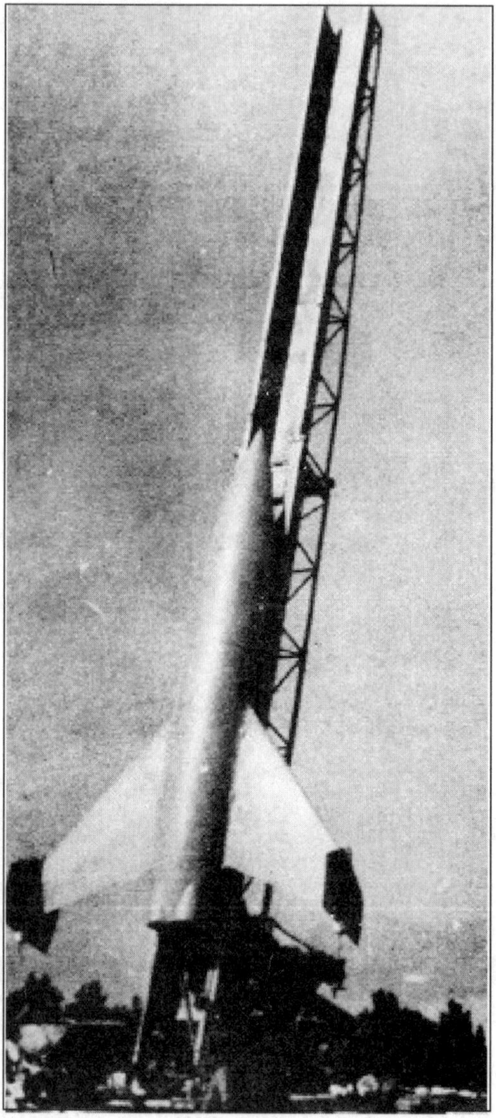

Abb. 33: „Feuerlilie" vor dem Abschuß (Originalfoto).

Arado

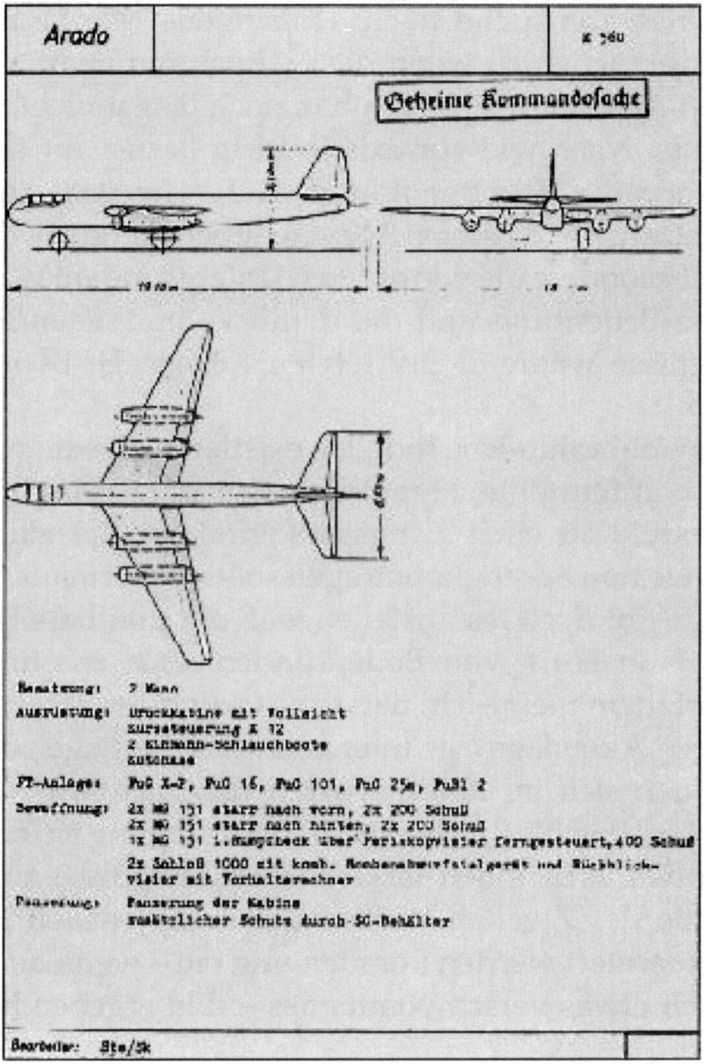

Abb. 34: Originaldokument Ar E-560.

Nachwort

Die Spurensuche nach Thüringens Manhattan Project ist, auch wenn dieses Buch nunmehr seinen Abschluß gefunden hat, noch längst nicht zu Ende. Nach wie vor existieren in bezug auf den Großraum Truppenübungsplatz – Jonastal eine Vielzahl ungelöster zeitgeschichtlicher Fragen, die insbesondere die vermuteten Untergrundanlagen, ihre Bedeutung und die damit verbundenen Ereignisse während der letzten Kriegstage betreffen.

Obwohl zahlreiche Indizien existieren, die die von mir aufgestellte Hypothese der unterirdischen Produktion einer Langstreckenrakete, die einen nuklearen Sprengkopf tragen sollte, untermauern, so bleibt doch festzustellen, daß der greifbare Beweis in Form von Bodenfunden noch aussteht. Trotzdem meine ich, daß es aufgrund der schwierigen Aktenlage (die interessanten Unterlagen befinden sich in alliierten Archiven nach wie vor unter Verschluß) schon eine Überraschung ist, daß die wahrscheinlich tatsächlichen Ereignisse zum Ende des Zweiten Weltkrieges einigermaßen rekonstruiert werden konnten und ein – wenn auch noch etwas verschwommenes – Bild ergeben haben.

Ich hoffe, daß ich der interessierten Leserschaft in

meinen beiden Büchern einen umfassenden Einblick in das Thema geben konnte. Gleichzeitig hoffe ich, daß die von mir vorgebrachten Fakten und Informationen zu einem Umdenkungsprozeß führen werden, der irgendwann dazu beitragen wird, daß die Geschichte – wie wir sie kennen bzw. wie sie uns vermittelt wurde – umgeschrieben werden muß.
Die damit verbundenen Konsequenzen können weitreichender und unangenehmer Natur sein, denn sollte sich beispielsweise herausstellen, daß das amerikanische Manhattan Projekt nur durch deutsche „Hilfe" erfolgreich abgeschlossen werden konnte oder daß die Bomben, die auf Japan fielen, deutscher Herkunft waren, dann ... ja dann. Warten wir es ab.
Sobald Neuigkeiten zu vermelden sein sollten, werde ich darüber entsprechend informieren. In der Zwischenzeit hoffe ich, daß mich meine Leserschaft genauso intensiv unterstützt, wie sie das nach meinem ersten Buch getan hat. Dafür gilt allen bekannten und unbekannten Helfern mein herzliches Dankeschön!

Abbildungsverzeichnis

Quellenverzeichnis

1 Aus dem Internet, „Luft 46 pages".
2 Henshall, Phillip; „Hitlers Nuclear Weapon, Fact or Fiction?", Alan Sutton Publishing Limited, 1995.
3 U.a.: Hirschfeld,Wolfgang, „The Story of a U-boat NCO; 1940–1946" Naval Institute Press, Annapolis, Maryland, 1996 (Appendix 2 - U-234 and her cargo of Uranium Oxide), Seite 228 bis 231; Henshall, Philip, „Vengeance Hitler's Nuclear Weapon: Fact or Fiction?", Alan Sutton Publishing Limited, 1995.
4 G. Remdt in einer mündlichen Mitteilung.
5 Richard Rhodes, „Die Atombombe".
6 Ebenda.
7 Ebenda.
8 Ebenda.
9 Ebenda.
10 Ebenda.
11 David Irving, „The German Atomic Bomb", S. 241.
12 Richard Rhodes, „Die Atombombe".
13 Picker, „Hitlers Tischgespräche", Ullstein-Verlag, Berlin 1998.
14 David Irving, „The German Atomic Bomb", S. 235.
15 Heinz Dieter Hölsken, „Die V-Waffen".

16 1948, 16 Jahrgang, Nr. 757.
17 G. Remdt beschäftigt sich schon seit vielen Jahren mit dem Thema „Olga“ und hat ein umfangreiches Archiv angesammelt. Er verfügt sicher über das beste Wissen, was die Geschichte der Stollen angeht.
18 Cläre Werner lebte zur damaligen Zeit ganz in der Nähe auf der Wachsenburg, wo sich zeitweise hohe deutsche, später amerikanische Offiziere aufhielten.
19 Sie stammt von einem ehemaligen Arbeiter, der betonte, daß sie (die Arbeiter) über Treppen nach unten gelangten.
20 Aussage in G. Remdt/G. Wermusch, „Rätsel Jonastal“, C.-Links-Verlag, Berlin 1992.
21 Ulrich Brunzel, „Beutezüge in Thüringen“, Heinrich-Jung-Verlagsgesellschaft, Zella-Mehlis/Meiningen 1999.
22 Bedeutungslos soll nicht heißen, daß die hier Geschundenen weniger Leid als in anderen Camps ertragen mußten. Es soll nur die „Quantität“ an Furchtbarem beschreiben, insofern man diese überhaupt beschreiben kann.
23 David Irving, „The German Atomic Bomb“, S. 268, 269.
24 Ebenda, S. 278.
25 Bar-Zohar, „Die Jagd auf die deutschen Wissenschaftler“, Ullstein, Berlin 1966, S. 139.

26 Das Bild wurde auf einem nicht originalen Hintergrund abgebildet. Die Anlage befindet sich tief im Bereich des Truppenübungsplatzes. Um Neugierigen keinen Anlaß zu geben, sich in Lebensgefahr zu bringen, mußte diese Verfälschung stattfinden.

Die hier aufgeführten Quellen wurden im Text durch hochgestellte Zahlen gekennzeichnet. Im Text ausführlich genannte Quellenbezeichnungen wurden an dieser Stelle nicht noch einmal zusätzlich aufgeführt.

Stichwortverzeichnis

A

B

C

D

E

F

G

H

I

J

K

L

M

N

O

P

R

S

T

U

V

W

Z

KONTAKT

Falls Sie weitergehende Informationen, Kritiken oder Hinweise zu den in diesem Buch behandelten Themen haben, wenden Sie sich bitte an:

CTT-Verlag
c/o Harald Fäth
Stadelstraße 16
D-98527 Suhl

Der Verlag leitet die Post umgehend an den Autor weiter.
Alle Informationen werden auf Wunsch vertraulich behandelt.

Harald Fäth

1945 - THÜRINGENS MANHATTAN PROJECT

Auf Spurensuche nach der verlorenen V-Waffenfabrik in Deutschlands Untergrund

Kennen Sie das »Jonastal« bei Arnstadt und seine Rolle gegen Kriegsende? Nein? - Das ist auch kein Wunder, denn es handelt sich um eines der bestgehütetsten Geheimnisse des Dritten Reiches. Aber auch nach dem Krieg wurde so gut wie nichts darüber bekannt. Vor einigen Jahren liefen dann im Zweiten Deutschen Fernsehen zwei Dokumentationen zu diesem Thema, die die im Jonastal befindlichen Stollensysteme als letztes Führerhauptquartier und als mögliches Versteck des St. Petersburgers Bernsteinzimmers zu interpretieren versuchten. - *Doch war das der wirkliche Zweck von S III Jonastal?*

Der Autor dokumentiert, daß in den bisherigen Betrachtungen die technologische Komponente übersehen wurde. Recherchen über dieses Gebiet ergaben verwirrende Vorgänge kurz vor Kriegsende. Viele Widersprüche, rätselhafte Aussagen von Zeitzeugen, das Problem fehlender Dokumente aus jener Zeit und eine heute immer noch andauernde Geheimhaltung seitens der Alliierten ließen den Eindruck entstehen, daß hier dereinst etwas höchst Außergewöhnliches entwickelt worden sein mußte. War jenes Areal im »Schutz- und Trutzgau Thüringen« Ort geheimster technologischer Experimente, die mit der der deutschen Atomphysik und der »Amerika-Fernrakete« zu tun hatten?! Sollten hier die vieldiskutierten »Siegeswaffen« produziert werden? Und, fußte die Angst der Amerikaner vor der »Bombe« auf Informationen, die bis heute geheimgehalten werden? - Lesen Sie dieses provokante Buch!

(200 S., Abb., A5, Pb., ISBN 3-9805278-8-3), Preis: 29,80 DM

Bestellungen richten Sie bitte an:
CTT-Verlag, Stadelstraße 16, D-98528 Suhl
Tel.: 03681 / 30 81 98 & -99, Fax: 03681 / 30 49 18
Email: CTTVERLAG@t-online.de